中国公租房可持续运营研究

——以重庆为例

杨小梅　独著

ZHONGGUO GONGZUFANG
KECHIXU YUNYING YANJIU
YI CHONGQING WEILI

西南财经大学出版社

图书在版编目(CIP)数据

中国公租房可持续运营研究——以重庆为例/杨小梅独著．—成都:西南财经大学出版社,2015.6
ISBN 978-7-5504-1911-7

Ⅰ.①中… Ⅱ.①杨… Ⅲ.①住宅—社会保障制度—研究—重庆市
Ⅳ.①D632.1

中国版本图书馆 CIP 数据核字(2015)第 101196 号

中国公租房可持续运营研究——以重庆为例
杨小梅 独著

责任编辑:冯 梅
助理编辑:陈 丽
封面设计:墨创文化
责任印制:封俊川

出版发行	西南财经大学出版社(四川省成都市光华村街 55 号)
网　　址	http://www.bookcj.com
电子邮件	bookcj@foxmail.com
邮政编码	610074
电　　话	028-87353785 87352368
印　　刷	郫县犀浦印刷厂
成品尺寸	148mm×210mm
印　　张	7.25
字　　数	155 千字
版　　次	2015 年 6 月第 1 版
印　　次	2015 年 6 月第 1 次印刷
书　　号	ISBN 978-7-5504-1911-7
定　　价	38.00 元

前　言

发展公租房是对于国家“双轨制”住房供应体系的补充完善。公租房的提出不仅将保障范围扩大到不能申请廉租房和经适房但又买不起商品房的人群，而且还覆盖了那些毕业后新就业的存在阶段性住房问题的人群。发展公租房除了可以完善住房供应体系，还可以调整房地产市场供应结构，促进我国房地产市场的健康发展，是各地政府积极推进的民生工程。从2009年国家开始施行公共租赁房政策以来，各地纷纷加大投入、大规模兴建公租房，采取的策略也不尽相同：既有如重庆市采取的由政府大包大揽全盘投入的财大气粗式兴建方式，又有如贵阳市采取的公租房房屋银行的低投入公租房收储方式，更有北京等地采取的住宅项目配置一定公租房比例的配建方式。各种策略的实施成效如何？到底哪种策略更适合目前中国现状而值得在全国范围去推广？各地政府和媒体说法不一。

随着公租房工作的深入实施，一系列问题也开始凸显。本书通过对国内各地推行的公租房运营现状进行研究，挖掘出目前公租房运营存在的普遍问题：财政压力大、欠缺盈利机制以及土地来源单一所产生的挤出效应影响到政府进行公租房建设的投入度；欠缺盈利机制造成社会力量对于参建公租房的热情不高，企业退出机制不完善阻碍社会力量参与公租房建设；而租金接受度低以及规划选址方面的问题致使使用者满意度降低，影响公租房建设的成效。这些问题成为制约公租房运营可持续发展的瓶颈，是目前国内地方政府急待解决的公租房运营难题。

为进一步深入挖掘问题，本书除对我国代表地区的公租房实施政策及实施情况予以汇总分析外，还特别选择将媒体关注度较高的城市——重庆市作为研究个案进行深入研究。重庆市的公租房建设规模位列全国前茅，推行效率在全国也位居前列。但由于采取的是由政府全盘包揽式的推行方式，一直广受争议：值得肯定的方面是政府充分利用其资源调配优势快速大规模推进公租房建设，体现了行政手段在公租房推行方面的高效；但是争议问题也随之而来，财政投入存在巨大压力、社会力量游离于公租房建设运营之外、大规模集中兴建带来的群体空间隔离问题等。重庆的公租房政策及运营情况具有非常鲜明的特点，其成效及问题都值得进行深入研究，可以这么说，如果透彻研究了重庆案例，那么对于国内公租房存在的普遍性问题的解决策略将会有进一步的思考，有助于各地政府甚至中央政府去思索如何将行政手段与市场手段在公租房推行中进行合理运用；如何使得公租房施行政策不是应对短期矛盾而采取爆发式供应，而是从更长远的角度去考虑如何实现可持续运营。

考虑到公租房政策是属于住房保障政策的重要推行部分，而住房保障政策又是根据国家住房政策的方向而制定，因此，对于公租房相关研究不能与整个国家住房政策割裂开来单独进行研究。本书特别罗列出英、德、美、日、新加坡等国以及中国香港地区的住房政策和公共住房策略情况，通过对国际经验教训的总结来思考如何在中国住房政策体系下推行公租房策略，笔者采取“抛砖引玉”的方式，从四个角度提出相应的设想，期望引导读者进行更深入的思考。

本书的出版得到家人、学院领导、相关人士、友人的帮助和支持，在此表示衷心的感谢！

编　者

2015 年 2 月 27 日

目　录

第一章 绪论

第一节 研究的背景

住房是人类最基本的需求，公租房的出现是与中国房地产发展的历程息息相关的。1949 年新中国建立后，我国开始实行计划经济体制下的公有制住房供给体制，实行按行政等级分配的福利住房制度。20 世纪 70 年代末国家进行了相关改革，于 1978 年进行土地相关法规调整，后深圳罗湖区房地产开发经验开始在全国各地推广。1998 年，国务院颁布《关于进一步深化城镇住房制度改革、加快住房建设的通知》，开始实行货币分房，要求各地停止福利分房，并同时提出了完善职工住房补贴和公积金制度，标志着住房的商品化时代正式来临，中国的住房制度发生了根本性的变化。房地产市场的购房主体也发生了变化，个人消费成为了主体。随着市场经济的发展，呈现出开发主体多元化和购房主体需求多元化的局面。

但是，随着住房制度改革的实施，一系列的问题也开始凸显，特别是房价的上涨和家庭的住房支付能力之间的矛盾问题已不容忽视。根据中国统计信息网数据显示，2000 年来我国商品房价格保持高速增长，2004—2012 年近十年间，全国住宅商品房平均价格从 2 608 元/平方米上升至 5 429.93 元/平方米，涨幅达到 108.2%，而其中大中城市涨幅尤甚。为解决百姓的住房问题、保障中国住房制度的健康执行、使得房地产价格良性增长，国家于 2003 年陆续出台了一系列的房地产调控政策。但是，从 2003 年至今，中国的房地产价格仍然保持高速增长的势头，除 2008 年由于国内经济受国际环境全面衰退的影响价格呈现下跌趋势外，其他年度一直保持上扬，2004—2012 年间，中国房地产住宅商品房价格年平均增长幅度为 9.86%。以 2010 年为例，社科院在 2011 年《经济蓝皮书》中指出，2010 年全国城镇居民的房价收入比就达到了 8.76，相当于普通城镇居民家庭 8.76 年不吃不喝可买一套房，同时也指出目前中国 85%家庭没有能力购买住宅，房价上涨速度仍然高于城乡居民收入增长速度。

为解决城市中低收入人群的住房问题，国家通过兴建廉租房、经济适用房、危旧房和棚户区改造安置房、城中村改造安置房、农民工公寓等多种形式的保障住房，来满足无法通过商品房市场解决住房问题的中低收入群体的住房需求。期望形成“市场配置+住房保障”双轨制住房供应体系，实施“低端有保障、中端有市场、高端有约束”的分层调控。然而在城市中低收入人群中，有一部分家庭是不具有购买住房的支付能力的，还有一部分人具有非常明显的流动性，他们不适合也不愿意去购买固定住房。发展公租房是对于国家

"双轨制"的住房供应体系的补充完善，在"双轨制"供给体系下，经济适用房和廉租房只能解决部分城市中低收入者的住房问题，大量的城市中低收入者成为"夹心层"。为缓解这一状况，2009 年全国两会期间，国家相关部门正式提出了"公共租赁房"这一新概念。公租房的提出不仅将保障范围扩大到不能申请廉租房和经适房但又买不起商品房的"夹心阶层"，还覆盖了那些刚刚毕业新就业的存在阶段性住房问题的人群。而发展公租房除了可以完善住房供应体系，还可以调整房地产市场供应结构，促进我国房地产市场的健康发展，因此是各地政府积极推进的民生工程，国家"十二五"纲要首次提出针对城镇中低收入家庭以供应公租房为主。2008—2012 年，全国开工建设廉租房 597 万套，基本建成 420 余万套；开工建设公租房 550 万套，基本建成 255 万套。2013 年，住房城乡建设部、财政部、国家发展改革委对外公布《关于公共租赁住房和廉租住房并轨运行的通知》，从 2014 年起，各地公共租赁住房和廉租住房并轨运行，并轨后统称为公共租赁住房。

第二节　国内外研究现状

一、国外研究现状

国外学者倡导政府干预房地产业，认为政府应用经济手段对住宅业进行干预。其研究主要体现在以下几方面：

（一）保障房与社会公正的关系研究

学者们认为，保障房与社会公正有紧密的联系。罗尔斯（Rawls）在其《正义论》中所指出后天社会分配的公正可以弥补社会个人由于出生后家庭条件所造成的起点不平等。他将社会解释为一种互利的合作事业，其基本结构是一种公共的规则体系，它规定了一种活动设计，这种设计使人们共同行动，以产生更大数量的利益。

保罗·萨缪尔森（Paul A. Samuelson，1954）在《The Pure Theory of Public Expenditure》中已明确地给出了公共物品的经典定义，认为所有成员均有权均等消费。

（二）政府角色与住房供应的关系研究

霍布森和 A. C 庇古为代表的福利经济学家提出“福利国家”“国家干预”“收入转移”等概念则强化了国家在社会福利和社会保障体系建设方面应承担的责任和应起到的作用。

惠特（1975）、理查（1982）和威廉姆（1993）等运用宏观经济学理论探讨了政府在房地产市场中的职能、政府干预的效率等问题。

迪帕斯奎尔和惠顿（1996）研究了房地产与国民经济的关系、地方政府与房地产的关系，证明了政府对房地产市场干预和管理的必要性。

隆德（Lund，2006）认为住房政策是国家对住房市场的干预过程相关，公共住房作为住房问题的派生物本身就是国家干预的产物。

（三）公租房的政策研究

R. 艾伦海斯（R. Allen Hays，1995）在《The Federal

Government and Urban Housing》中系统地分析了美国公房保障体系和相关的政策法规。亚历山大·冯·霍菲那（Alexander Von Hoffinal，2000）在《The origins and legoty of the Housing Act of 1949》也对美国公租房政策进行了详细的介绍。哈勒·奥莱贝克（Harles. Orlebeke，2000）在《The Evolution of Low-income Housing Policy，1949 to1999》、保罗·R. 吕西尼昂（Paul R Lusignan，2002）在《Pulic Housing in the united state，1933—1949》中对于美国公共住房1933—1999年的政策变化进行了翔实的分析和研究。

布瑞恩隆德（Brian Lund，2006）在《Understanding Housing Policy》中认为住房资源分配不公便成为社会不公的重要原因，他认为住房是一种资源，这种资源的分配及分配结果毫无疑问要同社会公平公正相联系，这种住房资源分配的不平等可能就直接影响到住房者受教育水平或者身体健康程度等。

黄T-C（Wong T-C）在《公房私有化》中对中国香港地区公房私有化的相关政策、措施、方法进行了总结和介绍。在《守护一国》中对新加坡几十年来的住房政策和经验进行了总结。

托曼（1992）、海盖迪什和托希克斯（1992）等人研究了发展中国家公共住房的私有化问题，讨论了房屋租赁政策和房屋销售价格政策之间的相互作用问题。

肯尼斯·T. 罗森和梅德林·C. 罗斯（Kenneth T. Rosen & Madelyn C. Ross，2000）在《Increasing Home Ownership in Urban China：Notes on the Problem of Affordability》中发现尽

管中国政府在市场机制改革后的住房公积金等制度和政策并不能使广大公民离开他们原来所依靠的国家所提供的住房。住房紧张等问题没有解决反倒恶化。

（四）公租房的实施情况研究

雅各伯·A. 里斯（Jacob A. Riis，1996）在《How the other half lives：studies among the tenements of New York》记录了 19 世纪的纽约收入阶层在公共住房的恶劣生活状况。

尼古拉斯达恩布鲁姆（Nicholas Dagen Bloom，2008）在《Public housing that worked New York in the 20th century》中认为纽约公租房的成功在于政府对公共住房始终采取高标准的经营管理和严要求的质量把关，并进行高瞻远瞩的合理规划。

克拉普，约翰 M（Clapp & John M，1976）在《The Formation of Housing Policy in New York City，1960—1970》中认为由于政府财政的入不敷出、赤字严重导致了公共住房计划由传统的建造房屋向房租补贴转向。

二、国内研究现状

20 世纪 80 年代末，随着土地使用制度和住房制度改革的不断深化，国内学者对房地产经济理论的研究也逐步深入，研究领域涉及房地产市场运行规律、房地产市场供求关系、房地产价格影响因素、房地产业周期波动、房地产泡沫、房地产市场化改革和房地产业宏观调控等。学术界一般把房地产理论研究分为三个层次：一是核心层理论，包括地租地价理论、区位理论、土地产权理论等；二是一般理论或内层理论，包括房地产投资理论、房地产金融理论、房地产开发建设理论、房地产市场理论、房地产价格理论、房地产周期理论等；三是外延交叉理论，包括外部性理论、宏观经济周期理论、泡沫经济理论、环境经济理论等。

而对于公租房而言，学者对公租房相关研究成果较多。其中涉及公租房运营可持续性发展的相关研究，主要是从政府角色定位和政府管制、建设与运营、国外可借鉴经验启示等方面来进行。

（一）政府角色定位和政府管制相关研究

张传辉（2011）在《基于新凯恩斯主义的政府角色重新定位》中指出，微观经济基础的新凯恩斯主义经济学派更加强调市场机制的作用，主张“适度”的国家干预。认为政府角色应该属于有限政府，即职能有限性政府和调控型政府，需要对市场进行适当的干预。但政府干预不能视为经常性手段，政府的宏观调控职能主要是调节社会总供求关系。

包宗华（2002）在《全方位透视住房分类供应和经济适用房》中认为住房是一种特殊的商品，有很强的社会性和政策性，政府介入住房的重点是对中低收入居民实施必要的社会保障。

黄小彪（2002）在《论政府对市场的干预》中认为政府对住宅市场的干预已经超出市场失灵的领域，形成所谓的住宅产业发展政策。

张婕（2011）在《公租房制度若干问题研究》中提出按照经济学中的边际效用递减规律，在住房市场上，中低收入家庭由于收入有限无法通过商品房市场达到自己的住房目的，只能依靠政府干预住房市场，通过一些福利政策实现中低收入家庭的住房需求。提供公租房就是政府干预的一种手段，由政府提供公租房供低收入家庭居住。

荀旭东（2011）在《公租房的政府职能分析》中对公租房建设与运营中政府的职能定位于：政府布局与规划引导、立法体系建立与机构支持、资金支持与补贴、进退机制规范。

姚玲珍、张小勇（2009）在《德国公共租赁住宅体系的剖析与借鉴》中认为现阶段中国公共住房政策的理想模式是采用住房分类供应体系，对高、中、低收入梯度分别采取不同的住房供应政策。

（二）国内公租房建设与运营相关研究

范冬梅（2011）在《公租房政策推进瓶颈及对策》中指出国内公租房推进存在政策定位模糊、运营管理模式不清、融资机制不顺的瓶颈。并提出在制定公租房政策目标与定位时，必须基于政府的层级、职权与能力；公租房的管理运营必须落实产权人责任；明确产权属性、缓解公租房的运营融资瓶颈、建立投资人的退出机制。

宋博通（2002）在《三种典型住房补贴政策的过滤研究》介绍“过滤”原理的基础上，对三种典型的住房补贴政策（公共住房兴建政策、开发商建设补贴政策和住房补贴政策）的“过滤”进行了分析，指出制定公共住房政策，应当考虑政府的支出成本和承受能力，充分利用存量房产的吸纳作用，解决低收入群体的住房问题。

针对国内公租房投资主体单一的状况，张红婷、李小平（2011）在《国内外公租房的分析与建议》中提出，政府可以鼓励非政府性的组织、机构、公司等投入资金来参与公租房建设；房地产开发商建设商品房时，让开发商让出一部分的土地用来建设保障性住房；建立更好的公租房监督机制，使得建设的房屋实实在在地落入真正所需要的人手中，做到真正的公平、公正、公开。

针对公租房建设与运营情况，王英、胡梦阳、顾湘（2011）在《快速城市化下的重庆公租房制度研究》中肯定了重庆公租房的成绩，但同时指出还存在以下问题：首先，重庆公租房保障方式单一，主要以政府建设公共租赁房作为房源，进行实物配租；其次，租金标准缺乏弹性，未考虑租户经济条件好转或者恶化的情况；最后，准入制度简单，无法对申请人作出客观评价，存在缺陷。

针对公租房建设资金保障情况，李炳恒、叶堃晖、孙来梅（2011）在《保障性住房可持续建设资金筹措与对策研究》中以指出持续的建设资金投入和财政收入减少，会给地方政府带来巨大的财政压力。并以重庆公租房为例，目前公租房建设资金主要来源于银行信贷，持久的、多样化的建设资金筹措方式仍未形成；提出了加强金融支持、拓展融资渠道、合理确定保障性住房的投资回报率和回收期的对策。陆玉龙（2005）运用现代产权法则，建立“政府与个人共有产权房”制度，政府用于补贴中低收入家庭购房的财政支出（包括减免土地出让收益）凝固在所购房屋上而不是购房主体上。

针对公租房流转机制，李喆、刘芬（2011）在《香港公屋准入机制对重庆公租房运营的启示》中指出公租房出售会带来害处：使原本就稀有公租房资源更加紧、使公租房的保障功能大大减少，影响公租房建设效率、加重政府和财政负担。

针对公租房的配套制度方面，卢有杰（2004）认为各地政府必须做好住房保障对象的识别、记录、追踪和变更等基础性的工作，建立与户籍管理、收入申报、人口控制等方面结合起来的管理系统；尹宗明（2005）提出建立和完善住房公积金绩效评价指标体系、实行“工效挂钩、费效挂钩”办法、实行强化内部约束机制等办法；黄锐（2006）提出建立住房公积金管理监督体系至少包含决策监督、职能部门的专业监督、“中心”业务的内部监督和职工群众的民主监督四个方面的内容。

（三）对国外可借鉴经验及启示的研究

左停、王丽丽（2011）在《世界各地公共房屋保障体系对我国公租房建设的启示》中介绍了英国、美国、德国、日本、新加坡、中国香港地区的公屋体系概况，提出了建立政府主导、管办分开、统一协调的公租房保障服务的体系，以及采用多种形式的补贴制度、开拓多元化的住房融资渠道。

李喆、刘芬（2011）在《香港公屋准入机制对重庆公租房运营的启示》中介绍了中国香港地区的多层次住房社会保障制度、多渠道的资金筹措以及专业化的管理机构，提出了对重庆公租房建设中应建立多层次的有针对性的住房保障制、避免流转机制造成房源流失、明确职能部门的功能、建立专门管理机构的启示。

张延群（2011）在《德国公租房政策对我国的启示》中

介绍了德国促进租赁房市场发展的法规和政策，提出了政府在调控房价方面应该扮演何种角色、如何建立相应的政策和法规、如何重视为广大中等收入阶层建立和培育公租房市场的启示。

第三节　研究的意义

发展公租房是对于国家“双轨制”住房供应体系的补充完善。在“双轨制”供给体系下，经济适用房和廉租房只能解决部分城市中低收入者的住房问题，大量的城市中低收入者成为“夹心层”。为缓解这一状况，2009 年全国两会期间，国家相关部门正式提出了“公共租赁房”这一新概念。公租房的提出不仅将保障范围扩大到不能申请廉租房和经适房但又买不起商品房的“夹心阶层”，还覆盖了那些刚刚毕业后新就业的存在阶段性住房问题的人群。而发展公租房除了可以完善住房供应体系，还可以调整房地产市场供应结构，促进我国房地产市场的健康发展，因此是各地政府积极推进的民生工程，国家“十二五”纲要首次提出针对城镇中低收入家庭以供应公租房为主。

目前，全国各地纷纷加紧推进公租房的建设工作，2008—2012 年期间累计开工建设公租房 550 万套、基本建成 255 万套。目前国内公租房采取的建设模式主要分为两类：一类是政府为唯一供应主体、委托国有的集团公司和区县政府性投资公司为建设主体的模式，修建大型公租房居住区，如重庆市；另一类是由政府作为规划引导主体、委托开发商大量进行开发配建的模式，公租房分散于商品房住宅中，如北京市、杭州市。对于公租房的建设，目前普遍存在投资主体单一、建设资金融资压力大的情况，特别是随着地方投资热潮不断涌现，有关地方债务风险加剧呼声越来越强烈。据国家审计署数据显示，2010 年年末地方融资平台的负债达 10.7 万亿元人民币，其中有 79.01%是银行信贷。有国内机构估计，2013 年，地方融资平台债务总规模将增至 12.77 万亿元。与此带来的偿债压力也凸显，数据显示 2011 年至 2013 年到期偿还的债务分别占总额的 24.49%、17.17%和 11.37%，合计约占 53%，近 5.7 万亿元的债务到期。公租房建设作为政府重视的民生工程项目之一，中央政府要求各地政府每年都保证一定数量的公租房开工和竣工。如何在完成中央政府的要求的前提下，大力推进地区公租房建设而又使地方政府不背上沉重的债务包袱，是目前中国地方政府所面临急需破解的难题，也是公租房可持续发展的前提条件。

另外，由于公租房建设开始实施时间不长，国内公租房租户入住年限也不长，政府初期关注的重点是公租房建设规模如何保证、建设资金如何投入问题。但随着租户的入住，一系列的问题也逐步凸显，各地政府越来越重视已入住租户的呼声，如何根据运营中凸显的问题和租户的呼声来进一步实现公租房的良性健康运营，是目前各地政府面临的现实问题，有助于帮助政府决策；虽然目前学术界针对公租房的研究很多，主要体现在政府角色定位、政府建设运营两个大方面，尚存在理论研究薄弱和空白之处：①目前学术界研究主要是从公租房建设的主体单向角度来进行研究的，公租房的实施效果还应进一步从租户入住后凸显的问题来进行双向角度研究，而目前由于公租房实施实践不长、入住时间尚短，故双向角度研究成果在学术界还比较少，现有研究结论也仅针对问题表象提出对策，没有挖掘相关深层次对策，属于研究薄弱之处。②目前仅有学者提出充分发挥社会资源优势参与公租房建设，而从公租房实际运营需完善的问题方面挖掘深层次对策、并将对策与公租房运营的多方共赢模式相结合的研究结论更属于空白。因此关注公租房的运营效果、找出其干扰运行效果的因素去对症下药，将有助于中国公租房的可持续发展。

第四节　研究的主要内容、基本思路和研究方法

一、研究的主要内容

（一）公租房运营及实施政策现状分析

随着目前已入住公租房的租户数量日增，租住过程中反映的问题较多。根据学术界研究成果和笔者前期走访情况，拟从租户基本情况、公租房申请及使用情况、交通及配套情况、管理与服务情况、续租及续购意愿五个大方面设计一系列问题进行调查。通过对调查问题的相关分析找出租户主要关注的因素，并进一步进行回归分析后建模。通过建模可以

找出租户主要关注因素及反映的运营问题的内在联系，对于如何完善公租房运营找到切入点。

（二）剖析影响公租房运营长远良性发展的问题和障碍

通过收集大量的资料、现场走访公租房主管机构和服务机构，针对租户反馈的情况进行分析，剖析公租房运营存在的问题。要认识到根据调研数据进行前述建模所找到的切入点，其体现的是公租房运营中租户关注的表象问题，要使其对公租房运营有深层次的启示，需要进行挖掘和剖析。在后续研究中，将模型中相关变量和公租房运营相联系，并结合学术界相关成果，去进一步寻找公租房运营需完善的突破口。

（三）探讨公租房的长远良性运营机制的架构

以重庆为例，针对前述研究发现的问题和障碍，从可持续发展的角度去研究，针对目前公主房运营的相关利弊分析，对公租房运营中所涉及的社会各方资源进行定位，去探讨如何实现良性运营的架构。

（四）找出影响公租房运营效果的干扰因素

多方走访公租房主管部门及租户，设计出调查问卷并在已入住的大型公租房社区进行投放，收集租户的意见并进行相关分析和回归分析，找出影响公租房运营效果的干扰因素。

（五）探讨公租房可持续发展对策

针对租户关注因素和运营中存在的问题，以及目前投资主体存在的问题，构架合理的运营模式，提出具体对策。并进一步对中国公租房可持续运营之路提出探索性思路。

二、基本思路

首先，收集数据资料，研究公租房发展背景和供给运营情况。

其次，对比国内公租房建设几大具有代表性的城市情况，从公租房运营长远良性发展方面来深层次分析存在的问题和障碍。

再次，借鉴国外先进经验、探讨公租房的长远良性运营机制的架构。

最后，在长远良性运营机制下，解决公租房发展瓶颈，提出如何采取具体对策实现公租房运营可持续发展。

三、研究方法

（一）文献检索法

文献检索法主要运用于国内公租房建设具有代表性的城市研究、国外相关先进经验研究以及市公租房实施研究方面。对相关书籍、国内外相关的学术论文及期刊进行收集和整理，通过对文献的分析，一方面建立起实证调查研究的理论基础，另一方面也为设计问卷提供依据。

（二）访谈法

通过对公租房的承租户以及相关专家的访谈，对关注因素测评体系与问卷的设计进行适当的调整和修正，以此保证测评体系与问卷具有良好的效果。本书将与公租房管理局相关部门工作人员进行访谈和咨询，特别是调查问卷设计阶段需要主管部门相关人员提出看法，并根据需要进行修正；同时，随时需要掌握公租房进展情况，还需对公租房主管部门及分支管理机构进行访谈和咨询。必要时候可以采取座谈会的方式。

（三）比较研究

本书对比国内公租房建设几大具有代表性的城市情况以及国外公租房实施经验，引出适合公租房长远良性发展的运营机制。采用这一方法，需要借鉴并收集各种资料。有两条途径：一是主要通过文献检索获得，包括利用网络资源；二是到具体城市调查。

（四）问卷调查法

通过文献分析与访谈，建立起公租房租户关注因素评价体系，通过预调查进行修正形成正式问卷，随机抽取公租房的已入住承租户为调查对象，调查其对公租房重点关注因素。根据前期的研究工作，本书拟从租户基本情况、公租房申请及使用情况、交通及配套情况、管理与服务情况、续租及续购意愿五个大方面进行相关指标设计。

（五）统计分析法

用 SPSS 数学统计软件对调查的资料进行统计和分析。其中，主要涉及的方面有调查结果信度和效度的检验、相关的因子分析以及相关的描述性统计及建模。

第二章　研究的理论依据

第一节　公租房内涵

公租房，全称公共租赁房，是有别于廉租住房、经济适用房的一种新型保障性住房。它是时代发展的产物，根据2012年5月28日住房和城乡建设部令第11号《公共租赁住房管理办法》的定义，公共租赁住房是指限定建设标准和租金水平，面向符合规定条件的城镇中等偏下收入住房困难家庭、新就业无房职工和在城镇稳定就业的外来务工人员出租的保障性住房。可通过新建、改建、收购、长期租赁等多种方式筹集，可以由政府投资，也可以由政府提供政策支持、社会力量投资。可以是成套住房，也可以是宿舍型住房。

目前，我国保障性住房主要包括经济适用房、廉租房和公租房三种形式，除此之外还存在少量的其他保障性住房面向特殊场所和特定群体的住房，例如棚户区改造过程中的安置用房、城中村和旧城改造过程中的安置用房、进城务工人员的周转用房（农民工公寓）。经济适用房是指政府提供优惠政策、限定建设标准、供应对象和销售价格，具有保障性质的政策性商品住房；廉租房是指政府采用租金补贴或实物配租的方式，向低于城镇居民最低生活水平且住房存在困难的家庭提供的保障性住房，由国家政府来确定适当的租金价格，房屋租金价格相对较低，并且还会有相关一些租房补贴。在实施过程中，存在由于廉租房准入设置的标准过低、大量低收入人群被排斥在适租住标准外的情况，也存在经济适用房购买者的套利行为致使经济适用房资源流失的情况；其他保障性住房体量相对较小，但也是未来城镇化进程中对棚户区居民、城中村居民的重要保障手段。前述几类保障性住房存在以下区别（表 2.1）：

表 2.1　公租房、廉租房、经济适用房、其他保障性住房的区别

	廉租房	经济适用房	公租房	其他保障性住房
权属性质	租赁性质	有限产权	租赁性质	多为有限产权
申请标准	门槛高（城市低收入、低保家庭）	门槛次之（城市低收入或中低收入家庭）	门槛相对低（引进人才、外来务工人员、刚毕业大学生等夹心层）	特殊对象（棚户改造、城中村改造等人群）
目的	解决较长期住房困难问题	解决较长期住房困难问题	解决阶段性住房困难问题	解决较长期住房困难问题
运作主体	政府为主	政府为主	政府引导下的：政府为主、单位为主、市场运作	政府引导下的：单位为主、市场运作

公租房在其建设以及投入运行的过程中，由于国家政府

的相关保障政策支持，虽然租金一般会比廉租房的租金稍高，但却远不及流通于房地产市场的商品房的租金，是政府保障下的房地产市场运转特例，又可称之为租赁型保障住房。着力实施推进公租房的建设，不仅可以更好地促进住房保障制度的建设和完善，而且可以有效地避免频频见诸媒体的经适房运转中的一些腐败和投机行为发生。从中国目前的实际情况出发，大力推进建设以公租房为代表的住房保障体系，既把中低收入人群和“夹心层”的住房困难考虑在内，又扩大了住房保障体系的受益面，最大限度地满足了人们对住房的基本需求，是基于我国基本国情制定的最有利的住房保障政策。在中国城镇化进程中，将会有越来越多的人群和家庭亟待保障性住房体系的保障，以公租房为主的保障体系在解决这一问题上将会发挥明显的作用。公租房的推出实时地响应了社会保障的需要，符合国情民意。因此，公租房制度将会在我国经济社会的发展中起到举足轻重的作用，将会促进建和谐社会目标的早日实现。

第二节　公租房制度相关理论

一、社会保障理论

社会保障（Social Security）一词最早出自美国 1935 年颁布的《社会保障法》。美国 1999 年出版的《社会工作词典》将社会保障定义为：“一个社会对那些遇到了已经由法律做出定义的困难的公民，如年老、生病、年幼或失业的人提供的收入补助。”

西方社会保障理论的产生阶段 ，它经历了一个从否定社会救济到主张社会福利的思想发展过程 ，第一个阶段是产生阶段，具体内容包括三个方面：英法古典经济学家否定社会救济制度的作用的社会保障思想、德国历史学派提倡国家福利的社会保障思想、福利经济学关于福利保障的思想；第二个阶段是形成阶段，它标志着福利型社会保障思想的确立，具体内容包括两方面：凯恩斯主义的福利保障理论、“福利国家”论者的社会保障理论；第三个阶段是多样化发展阶段 ，它表现为当代西方福利型社会保障制度改革理论 ，具体内容包括三个方面：新自由主义学派的社会保障理论（现代货币主义学派、社会市场经济学派、公共选择学派等关于社会保障制度改革理论 ）、其他经济学派的社会保障理论（新制度经济学派、经济增长学派、未来学派等关于社会福利保障理论 ）、1998 年诺贝尔经济学奖获得者阿马蒂亚·森的福利经济理论。大致可以分为国家干预主义、经济自由主义、中间道路三大流派：

1. 国家干预主义

国家干预主义指一种主张削弱私人经济活动的范围，由国家干预和参与社会经济活动，在一定程度上，承担多种生产、交换、分配、消费等经济职能的思想和政策。它主要强调自由市场机制的缺陷必须通过国家干预来弥补，表现在社会政策方面，国家必须负起“文明和福利”的职责，肯定政府在社会财富再分配中占有的重要地位。其中：费边社会主义有三个基本的价值理念即平等、自由和互相关怀；福利经济学建立在边际效用价值学说、消费者“自由选择”学说和自由竞争学说之上，认为竞争的市场注定是帕累托有效的，政府通过采取适合的收入分配政策能够有效地矫正“市场失灵”，实现社会福利的最大化或帕累托最优；瑞典学派认为依靠政府的干预、通过宏观经济调节的方式来平抑经济周期的波动、以实现“充分就业”，用收入再分配的方法实现收入均等化；凯恩斯主义主张通过累进税和社会福利等办法重新调节国民收入分配，还提出消除贫民窟、实行最低工资法、限制工时立法等主张；而新剑桥学派在凯恩斯理论的基础上建立并发展新的收入分配理论。

2. 经济自由主义

以亚当·斯密“无形的手”的理论为基石，认为市场机制具有完美的自动均衡能力，一切生产要素及其价格都可以通过市场机制的自我调节完成均衡。任何外在的人为的影响，尤其是政府的各类调节企图不仅不会使情况变得更好，而是变得更坏。因此坚持以“市场”为第一性，排除政府行为的影响就成了经济活动的前提条件，政府唯一要做的就是充当经济的“守夜人”。基本观点有五个方面：第一，崇尚自由，公开反对社会公平和分配正义。第二，强调个人责任和市场作用的发挥，反对国家和政府的干预。第三，反对强制性保险，提倡有选择性的保障制度。第四，主张削减社会福利，倡导社会保障领域内的竞争。第五，主张改革福利政策，实行激活性劳动就业政策。

3. 中间道路学派

中间道路学派认为资本主义是导致经济高速增长的最有效机制，但也存在许多自身难以克服的缺陷和问题，导致了贫困、不平等和失业现象，而政府的行为恰好可以弥补市场的不足，来最大限度地解决这些问题，因此，自由市场和政府的联合可以使效率和平等达到最大化。他们既不同意完全的自由放任，也不支持民主社会主义学派的主张；他们是反集体主义者，但不是反对国家干预者。基本观点有三个方面：第一，强调市场自由与国家干预之间以及经济政策与社会政策之间的平衡。第二，从维护社会稳定出发支持再分配。第三，中间道路学派倡导政府参与下的福利经济的多样化。

二、市场失灵理论

市场失灵理论认为：完全竞争的市场结构是资源配置的最佳方式；但在现实经济中，完全竞争市场结构只是一种理论上的假设，理论上的假设前提条件过于苛刻，现实中是不可能全部满足的。由于垄断、外部性、信息不完全和在公共物品领域，仅仅依靠价格机制来配置资源无法实现效率—帕累托最优，出现了市场失灵。传统狭义的市场失灵理论认为，垄断、公共物品、外部性和信息不完全或不对称的存在使得市场难以解决资源配置的效率问题，市场作为配置资源的一种手段，不能实现资源配置效率的最大化，这时市场就失灵了。当市场失灵时，为了实现资源配置效率的最大化，就必须借助于政府的干预，这实际上已经明确了政府干预经济的调控边界。不过现代广义的市场失灵理论又在狭义市场失灵理论的基础上认为市场不能解决的社会公平和经济稳定的问题也需要政府出面化解，从而使得政府的调控边界突破了传统的市场失灵的领域而大大扩张。政府干预经济领域的扩张一方面说明政府在市场经济中的作用越来越重要，但另一方面又要求必须对政府的行为加以规范，以提高政府的管理效率。

按照西方经济学家的观点，导致市场失灵的每一个因素都暗含着政府在市场经济中的潜在作用。当市场失灵时，政府应主动出来治理市场的失灵，其手段和政策有微观的，也有宏观的。从微观上看主要包括：①价格管制政策。在有些情况下，由供求决定的价格对经济并不是最有利的。比如在某些生活必需品严重短缺时，政府就要根据形势需要和既定目标，运用行政权力规定并强制执行某些价格。②消费政策。在现实市场中，消费者的地位一般弱于生产者，表现在市场行情认识的差异、产品判断的差异和市场行为的差异，因此市场优势一般在卖者手中。政府要通过各种政策，如商品质量政策、商品宣传政策、限制消费政策、生产者素质政策等对消费者进行保护。同时消费不仅仅是个人问题，也是整个社会化问题。政府对消费外在化进行一定干预，既尊重了个人消费自由，又维护了社会整体利益。③产业政策。厂商的生产和整个社会利益既有一致的一面，也有矛盾的一面。政府有必要通过生产限制、反垄断、民主化等产业政策手段来协调、干预、引导产业的形成和发展。④分配政策。政府通过税收政策和社会福利政策，正确处理平等和效率的关系，向社会成员提供最低生活保障，向贫困者提供就业机会，提供医疗、教育援助，从而有利于社会公平目标的实现。从宏观上看包括采取财政政策、货币政策、人力政策、收入政策，增加社会公共产品的生产，限制和克服经济的外在性，制定规则，维护市场秩序，提供信息，创造良好社会经济环境，减少社会经济波动。

西方经济学家还认为，未经调节的市场，未必能产生有效率的资源配置。但反过来，也并不应该得出政府的干预必然有效率的结论。正像市场失灵一样，由于某些原因，政府也“失灵”了。政府干预的失灵或失效主要是由以下原因造成的。第一，政府对社会经济行为及结果的衡量是困难的。比如对环境污染成本的估计，就有很大的弹性范围。第二，政府没有一个能准确知道公众偏好的机制。公众千差万别，他们对政府有不同的要求，很难达成一致的结果。第三，没有充分理由可以预期政府是有效率的。由于机构设置、管理、人员素质等原因，政府部门的浪费、决策失误、腐败也经常发生。第四，政府官员有自己的偏好和需要，不同部门的官员有自己的工作目标需要和行为习惯，甚至有的出于个人目的、自私自利。因此，不能天真地期望他们为社会利益而无私地行动。

在西方经济学中主张政府干预的人常常强调市场失灵，反对政府干预的人则常常强调政府失灵，市场配置和政府干预两种意见将长期争论下去。

三、公平分配理论

西方国家对公平分配思想的认识经过了一个漫长的发展演变阶段。最早是古希腊，柏拉图在《理想国》中提出公平分配问题，强调公平即和谐。他把正义分为国家的正义和个人的正义，将社会成员分为三个等级：统治者、武士和劳动者。个人的正义在三个等级中各司其职，互不干涉，以维持整个国家的秩序和稳定。国家的正义在于三种人在国家里各做各的事。在柏拉图看来，各得其分且各安其分，整个社会便是一个公平的社会；亚里士多德认为分配的正义指的是社会的财富、权力及其他可以在个人之间进行分配的东西的分配原则，分配的原则主要是“数量相等”和“比值相等”。所谓的“数量相等”是指你所得的相同事物在数目上和容量上与他人所得者相等，“比值相等”则是指根据各人的真价值按比例分配与之相称的事物，两者中最主要的是“比值相等”原则，即以人与人之间的不平等为基础对个人实行一种不平等的分配。矫正的正义是对分配的正义的补充，旨在克服按比例分配所引起的财富分化等社会弊端，以维护中庸之道。

西方近代资产阶级的公平分配观的代表人物是格劳秀斯，他“自然法”给人们的理性和行为提供了正当的、正义的准则，这些准则就是自然权利，而这些自然权利是符合人性要求的，因而也就是正义的。自然权利正是有了人类共有的理性才成为公正的、公平的、人们普遍遵行的法则。资产阶级革命逐步取得胜利后，卢梭从新的角度对公平的问题展开论述，提出“公意”学说，即通过转让自己的权利，建立社会契约形成共同体，以实现人类的自由平等。卢梭认为，以往社会中的不平等是由法律加以确认的，而民主共和国的法律是人民公意的反映，实行这种法律也即实现平等，而体现公意的法律应该体现分配公平的原则。分配公平的原则通过法律对强者进行制约，以防止他们以强凌弱，来保护每个社会成员的生命、自由和财产。

当代西方公平分配理论代表人物有罗尔斯、诺齐克。罗尔斯的《正义论》所阐述的公平理论指出：“作为公平正义的一般观念要求平等的分配所有的基本善——自由和机会、收入和财富及自尊的基础——都应被平等地分配，除非一种不平等的分配将有利于每个人。”罗尔斯通过批判传统的功利主义，在传统社会契约论的基础上提出一种对正义的系统解释。他认为公正是社会制度的首要价值。他提出公正的两个原则：第一个原则要求在各种权利和义务的分配上实行平等；第二个原则认为某些社会的和经济的不平等，只有当它们使最少得益的社会成员的利益得到补偿时才是公正的。罗尔斯认为，正义的社会必须首先保证公民有公平竞争的机会，他肯定了正义原则对功利原则的优先性，认为一个正义合理的社会分配制度，不是以牺牲一部分人的利益来增加另一些人的利益，而只是在社会竞争和分配中保护弱者的利益。罗尔斯的社会正义理论在强调个人的基本自由权利的同时，也要求社会体制上的总体努力，以消除过多的收入和地位的差距；使最不利者最大限度地获益，并使职位对一切人开放。诺齐克认为“分配的正义”不准确。用“持有”来代替“分配”。以一种持有的正义原则描述社会公正。他的持有的获取正义原则认为，在评价一个状态是否正义时，不仅要考虑它所体现的分配，也要考虑这一分配是怎么来的。这一原则主要是强调个人对物的所有权和自由处置权，强调对物的占有的来源是否合理，而不是计较被动地接受分配的结果。诺齐克的持有正义论具有重要的价值和启发意义。它充分论述了个人的自由权利在公正当中的重要地位和作用。

四、住房过滤理论

住房过滤观念来自都市生态学派中霍伊特（Hoyt，1939）的扇形理论，他在都市住房动态方面提出邻里变动呈扇形移动，由于其在研究中使用过滤（Filtering）而来。西方城市经济学家认为高收入者会将条件较差的住宅过滤给中等收入者，而中等收入者也会将条件更差、更低廉的住宅过滤给低收入者，形成“住宅市场过滤现象”。

最早研究过滤理论的是伯吉斯（E. W. Burgess），他通过对 19 世纪芝加哥城市的观察发现，城市最高收入者住在离市中心最远最新的住房，留下的住宅让那些收入较低的家庭来居住。依此类推，直到最贫穷家庭也向外迁移，城市中心最陈旧的住房就被腾空，这些住宅被商店、写字楼等物业所取代，形成了所谓的“中央商务区”（见图 2. 1）。在 20 世纪 60 年代之前，人们对过滤原理的理解都是模糊的，直到 1960 年劳瑞（Lowry）对过滤现象做了概念性的解释之后，人们才对其有了较明确的概念。他指出过滤的主体是住房而非各收入阶层，过滤产生的原因在于住房的老化和新建，简单地说，住房过滤就是住房在其生命周期内价值的变化。

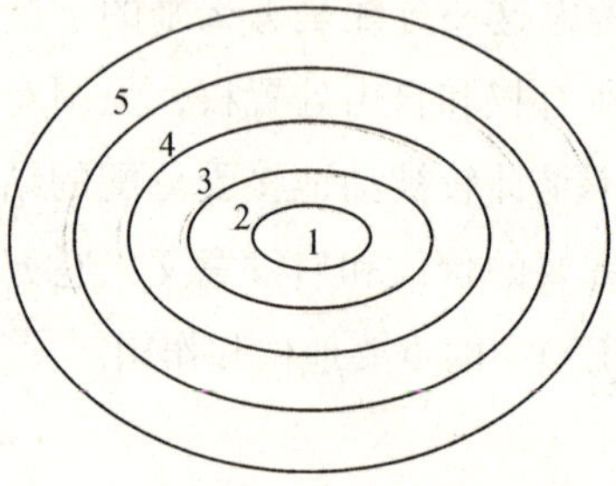

图 2.1　区位过滤模型

在 20 世纪 70 年代以前人们尚未对住房市场的过滤现象进行建模分析，仍停留在定性分析和概念的解释层面。首个对住房市场的过滤现象进行建模分析的是斯威尼（Sweeney James）。他于 1974 年先后发表《质量、商品等级和住房市场》以及《住房市场的商品等级模型》中阐述了 Sweeney 的基本模型。此后的学者逐渐引入住房过滤的动态分析，发展并完善了许多新模型，如欧赫尔斯（Ohls）1975 年模型、ADP 模型、布莱德（Braid）模型、安娜斯和阿内特（Anas and Arnott）1997 年“芝加哥住房市场模型”、欧’法赫蒂（O’Faherty）无家可归者住房市场模型、罗森伯格（Rotherberg）1991 年对城市住房市场的研究、约翰·M. 奇尔（John. M. Qill）2000 年城市无家可归者市场选择模型等。试图用量化的模型来模拟动态的住房市场，从过滤理论的研究历程来看都与住房市场及社会需要息息相关。

“过滤”过程描述了不同住房子市场之间的相互作用，以及住房从一种用途到另一种用途的过程，它有两个基本假设：①住房服务量在一定时期内会逐渐减少，源于住房的物理性耗损、技术性无形磨损以及住房样式等的变化和老旧；②居住者收入下降，房屋被收入较少的家庭居住。当住房服务数量下降时，不能满足以往收入层次的家庭，而被收入减少的家庭居住，他们对住房服务的需求量逐渐减少。在以上假定下，我们不难想象随着时间的推移，住房提供服务量减少，从而在不同收入阶层之间进行“过滤”的过程。在某一特定时刻，最高收入者总是居住新的能提供最多服务量的住房，而低收入者居住质量差、提供服务少的住房。若干年后原先新住房服务量减少，过滤到低收入家庭手中，最高收入者再次搬入新建的更好的住房（新建住房包括高档和中档）。这样通过过滤，所有居民的居住条件不因住房折旧而变差。那么一个可能产生的疑问是为什么低收入者不通过对原有住房加强维护或修缮来提高住房服务量、避免折旧所带来的服务量减少，却要买由更高收入居民手中的“过滤”住房。这里隐含着一个重要的假设前提：单位质量的建造成本应小于单位质量的维护成本。如果较低收入者不购买“过滤”住房，那么从高收入者手中腾出来的住房就将面临供大于求的局面，从而价格下降，在相同质量情况下，当价格低于其维护成本时，入住这些旧房就比维护自己原有住房更合算。美国人阿瑟·奥沙利文（ArthurO’Sullivan）在所著的《城市经济学》中，展示了城市住房市场的“过滤”情况。他指出“过滤”原理可以回答两个基本问题：①为什么穷人选择居住旧房子而不是新房；②穷人有没有从鼓励为富人建新房的津贴政策中受益。

第三节　可持续发展理论

1978年，国际环境和发展委员会（WCED）首次在文件中正式使用了可持续发展概念。1987年布伦特兰报告对可持续发展的定义是:“可持续发展是既满足当代人的需要，又不对后代满足其需要的能力构成危害的发展。”该定义强调了两个基本观点，一是人类要发展，尤其是穷人要发展；二是发展有限度，不能危及后代人的生存和发展。其理论基础为环境稀缺论、环境价值论、“时空公平”的区域层次性可持续发展观、可持续利用的资源观。

可持续发展理论主要观点如下：①可持续发展是社会、经济、生态三维复合的协调发展。在可持续发展复合系统中，经济的发展将以生态良性循环为基础，同资源环境的承载能力相适应，而不再以环境污染、生态破坏和资源的巨大浪费为代价。②可持续发展强调以人为中心全面发展。一是社会的发展首先应表现为人口素质的全面提高，一个现代化的国家，人口必须首先现代化，人口的现代化水平是社会进步、经济增长的显著标志；二是社会人口应保持与社会持续发展相适应的增长速度，如零增长状态。本质上也要提高人类的生活质量，这包括既提高人的物质生活水平和精神生活水平，同时又给社会成员以公平的分配权和公平的发展权，即消除贫困、消除贫富悬殊和两极分化。③可持续发展强调发展潜力的培植。可持续发展是一种不牺牲后代人发展机会和发展权利、保证后代人发展机会与当代人一样多的发展。它不仅仅只注重发展的状态和目标，而是更注重发展趋势的持久力和耐力、注重未来的发展能力和发展机会。单纯的发展速率和物质财富的积累将不是其追求的目标，现有发展状态下发展潜力的培植将成为发展过程的重要内容。

学术界对于可持续发展指标和评价方法的研究主要有以下几类：

（1）修正传统 GNP 反映环境资源状况。萨缪尔森提出纯经济福利（NEW）的概念，从 GNP 中减去那些有碍国民福利增长的损失费用或折合的价值（如环境污染损失、城市交通拥挤、噪声等），用以替代传统的 GNP 指标。

（2）利弗曼提出了确定可持续发展的 8 项标准，他强调的是指标的时空性、可预测性、价值性、可逆性或可控性、整合性、公平性以及可获得性和可用性。

（3）世界银行的财富方法。世界银行提出以“国家财富”为依据来测度各国可持续发展的方法，从考察实际财富以及可持续能力随时间的动态变化这一宗旨出发，将可持续发展指标分为四个要素，即自然资本、生产资本、人力资本和社会资本，利用“储蓄率”的概念对可持续发展能力进行动态的表达。

（4）荷兰国际城市研究所城市评价模型。通过建立了包括环境健康、绿地、资源使用效率、开放空间与可入性经济与社会文化活力、社区参与、社会公平性、居民生活福利等 10 个指标组成的评价模型，用以评价城市的可持续发展。

（5）联合国可持续发展委员会可持续发展指标体系。应用“驱动力—状态—响应”概念模型，提出的指标共计 142 个，主要指标包括社会领域、经济领域、环境领域以及制度领域方面。

（6）中国可持续发展指标体系。中国国家统计局统计科学研究所和中国 21 世纪议程管理中心提出中国国家级可持续发展指标体系，该指标体系分为经济、社会、人口、资源、环境、科技六大子系统。

第四节 顾客满意度理论

顾客满意度（Customer Satisfaction Degree，CSD）是顾客满意程度的简称。它是顾客满意的量化统计指标，描述了顾客对产品的认知（期望值）和感知（实际感受值）之间的差异，可以测量顾客满意的程度，当顾客的认知小于感知时，顾客的满意度就高，就会赞誉该产品；反之，当顾客认知大于感知时，顾客满意度就低，就会抱怨该产品。由此可见，顾客满意度实际上包含了顾客满意（积极的）和顾客不满意（消极的）两个方面的含义。最终可表达为下述函数关系：

顾客满意度 = f（对性能的期望，感知到的性能）

其有代表性的理论模型有“期望不一致”模型、Kano 模型、SCSB 模型与 ACSI 模型。

一、“期望不一致”模型（也称绩效差异理论）

美国营销学者奥利弗（Oliver）于1980年提出的，该模型对顾客满意的心理形成过程作了这样的解释：顾客在购买之前先根据过去经历、广告宣传等途径，形成对产品或服务特征的期望，然后在随后的购买和使用中感受产品和服务的绩效水平，最后将感受到的产品（或服务）绩效与期望进行比较判断。当感知绩效符合顾客期望，顾客既不会满意也不会不满意；而当感知绩效超过顾客的期望（积极的不一致），顾客就会满意；当感知绩效低于顾客的期望（消极的不一致），顾客就会不满意。

期望不一致模型是目前顾客满意模型研究中占主流地位的一种观点。奥利弗还发现，期望和不一致对满意度都有独立的作用，期望为顾客将来作满意判断提供了一个依据。特西和威尔顿（Tse & Wilton，1988）甚至基于期望不一致理论将顾客满意定义为顾客在消费行为发生前对产品或服务质量的期望与消费后的实际质量感知之间所存在差距的评价。

博肖夫（Boshoff，1999）基于期望不一致理论将顾客满意定义为，顾客发生消费行为后的实际质量感知与消费前的期望水平比较后所形成的愉悦或失望的感觉。该定义表明，满意水平是质量感知和期望值之间差距的函数，如果质量感知低于期望值，顾客就会不满意；如果质量感知高于期望值，顾客就会满意、高度满意或欣喜。欧弗和迪沙波（Ohver & Desarbo，1988）的研究也支持了这一观点，他们发现补救期望、质量感知、不一致对顾客满意有独立的影响作用，期望是继不一致、质量感知之后第三个对满意最有影响的变量，在期望不一致模型中期望水平与质量感知的交互作用对满意度的影响非常弱。不一致之所以比期望对顾客满意的影响作用更大主要是因为不一致对满意的影响是由伴随着使用过程而产生的情绪状态所造成的，正向不一致的积极心理状态将增加顾客作出满意评价的可能性；反之，负向不一致的消极心理状态将减少顾客做出满意评价的可能性，而期望则随着时间的推移可能减弱。麦金尼和尤恩（McKinney & Yoon, 2002）在利用期望不一致理论对网络用户的服务满意度进行研究时发现，在期望不一致对顾客满意的影响机制中，顾客的期望水平对顾客的质量感知具有显著影响。

二、Kano 模型

日本全面质量管理专家卡诺（Kano）博士指出：企业的产品质量和顾客满意程度密切相关。据此，卡诺将产品的质量分为当然质量、期望质量和惊喜质量三个等级（见图2.2），并指出了在每个等级下，产品的质量水平对顾客满意程度的影响。当然质量指产品或服务应当具有的最基本的质量特性，顾客通常认为具有这种特性是理所当然的，往往不做明确表达。它的充分实现不会带来顾客满意水平的提升。但是，如果产品或服务没有达到这个要求，就会导致顾客的极度不满。期望质量指顾客对产品或服务质量的具体要求，其满意程度和顾客目前接受的产品或服务的满足程度有密切关系，它的实现程度与顾客满意水平同步增长。惊喜质量指令顾客意想不到的产品特征，是增加顾客进一步满意的附加质量。如果产品没有提供这类质量，顾客不会不满意，因为他们通常没有想到这些需求；当产品或服务提供了这类质量时，顾客对产品或服务会表现出惊喜，带来满意程度的大幅上升。

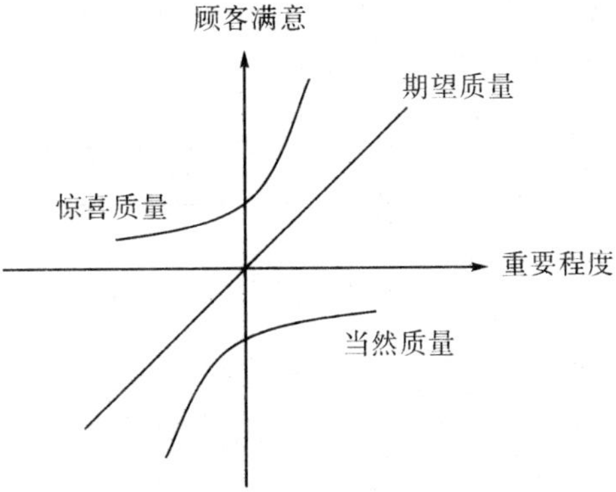

图 2.2　KANO 模型

三、SCSB 模型与 ACSI 模型

瑞典 SCSB 模型（Sweden Customer Satisfaction Barometer）是最早建立的全国性顾客满意指数模式。它提出了顾客满意弹性（Customer Satisfaction Elasticity）的概念。顾客满意弹性是指顾客忠诚对顾客满意的敏感性，即顾客满意提高一个百分点，顾客忠诚将提高多少个百分点，这样就可以从量化的角度来研究不同程度的顾客满意对顾客忠诚的影响及其非线性关系。满意度的前导变量有两个：顾客对产品/服务的价

值感知；顾客对产品/服务的期望。满意度的结果变量是顾客投诉和顾客忠诚度。忠诚度是模型中最终的因变量，可以作为顾客保留和企业利润的指示器。模型中的这些隐变量（Latent Variable，LV）都是通过显变量（Manifest Variable，MV）来间接衡量（如图 2.3）。

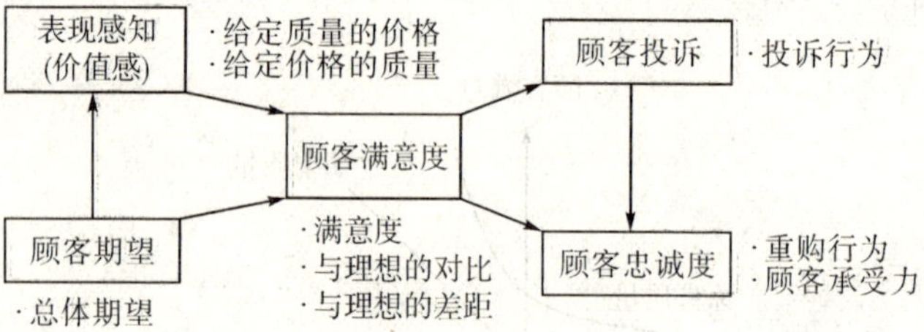

图 2.3　顾客满意度 SCSB 模型

ACSI（the American Customer Satisfaction In-dex）模型是在 SCSB 模型的基础上创建的。该模型共有 6 个结构变量，顾客满意度是最终所求的目标变量，顾客预期、感知质量和感知价值是顾客满意度的原因变量，顾客抱怨和顾客忠诚则是顾客满意度的结果变量。模型中 6 个结构变量的选取以顾客行为理论为基础，每个结构变量又包含一个或多个观测变量，而观测变量则通过实际调查收集数据得到。ACSI 模型认为，顾客的满意程度是由顾客对服务质量的期望、对质量的感知以及价值感知共同决定的；如果顾客对服务质量不满意，则会产生抱怨；顾客的忠诚取决于顾客的满意程度和事后抱怨的处理（见图 2.4）。与其他模型相比，该模型科学地利用了顾客的消费认知过程，能客观反映出消费者对服务质量的评价，综合地反映出顾客的满意程度。同时，该模型所得出的结果可以在不同行业里进行比较，有利于企业服务质量的不断改进。

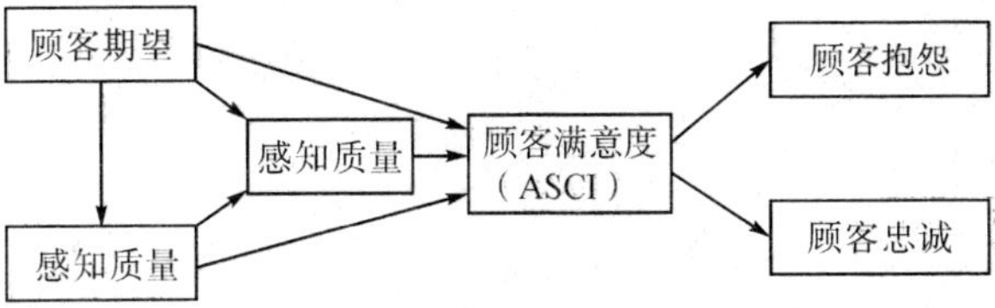

图 2.4　顾客满意度 ASCI 模型

第三章　中国公租房概况

第一节　中国公租房产生的背景

一、中国经济增长情况

中华人民共和国成立后，通过有计划地进行大规模的社会主义建设，中国已成为世界上最具有发展潜力的经济大国之一，人民生活总体上达到小康水平。进入21世纪后，中国经济继续保持稳步高速增长。社会主义市场经济体制已经初步建立，市场在资源配置中的基础作用显著增强，宏观调控体系日趋完善；以公有制经济为主体、个体和私营等非公有制经济共同发展的格局基本形成，经济增长方式逐步由粗放型向集约型转变。世界银行数据显示，在2007—2011年里，中国GDP名义增长率达到170%。自2007年起中国成为世界第三大经济体国家。2010年，中国GDP超过了日本，成为世界第二大经济强国。2013年全球生产总值为73.982 138

万亿美元，美国依然领先于其他国家，达到 16.799 7 万亿美元，其国内生产总值接近全球国内生产总值的四分之一。排在第 2 位的即是中国，为 9.181 4 万亿美元（见表 3.1）。

表 3.1　2013 年全球排名前五的国家及国内生产总值情况

排名	国家	国内生产总值(单位:百万美元)	占全球生产总值（%）
1	美国	17 371 618	23.5
2	中国	9 181 377	12.4
3	日本	4 901 532	6.6
4	德国	3 635 959	4.9
5	法国	2 737 361	3.7

数据来源：中华人民共和国商务部网站

而 2003—2013 年间，中国国内生产总值逐年上涨，从 2003 年的 135 823 亿元上涨至 2013 年的 568 845 亿元（见图 3.1）。11 年来国内生产总值也平均保持在 9.95 的高增长势头，即使 2008 年遭遇全球性经济下滑，国内生产总值也仍然保持在 9.2 的增长幅度。2011—2012 年相对处于 11 年的低谷，但国内生产总值增长幅度仍然保持在 7.2（见图 3.2），高于全球增幅，也高于美国等发达国家国内生产总值增幅。

二、中国房价增长情况

在中国经济快速增长的同时，2000 年来我国商品房价格保持高速增长，房地产市场进入新一轮的增长。2001 年福布斯中国富豪前 100 名中房地产富豪数量为 28 名，开始出现投

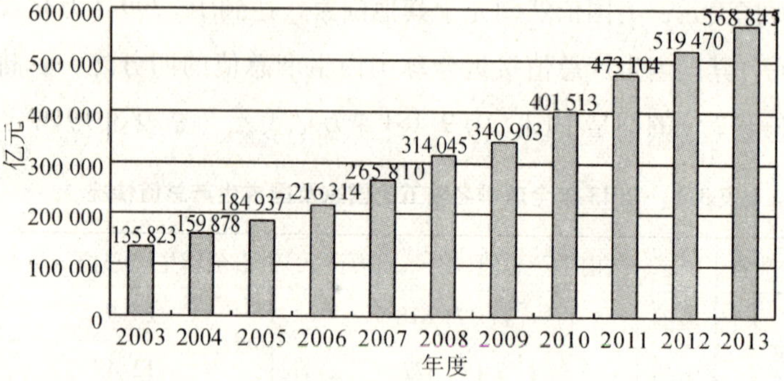

图 3.1　2003—2013 年中国国内生产总值

数据来源：中国统计年鉴

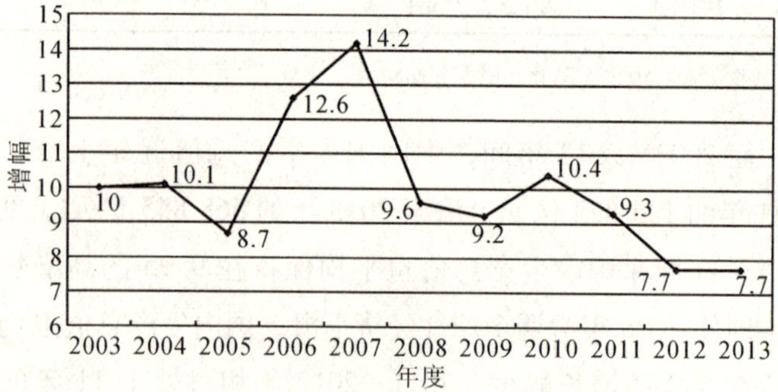

图 3.2　2003—2013 年中国国内生产总值增幅

数据来源：国家统计局《全国年度统计公报》

资投机狂潮。2002 年国家出台土地招拍挂政策，2003 年出现了“地王”一词。2004—2012 年近十年间，全国住宅商品房价格从 2 608 元/平方米上升至 5 429.93 元/平方米（见图 3.3），涨幅达到 108.2%（除 2008 年受国际经济大环境影响略呈下降趋势外）。其中：由于金融放开导致外资热钱涌入，2006 年国家出台国六条并再次加息也无法撼动房价上涨；

2007 年由于房地产开始企业上市筹资使得资金量有保障，致使地王频出、房价疯狂暴涨；2007—2012 年期间政府进行了房地产行业全面调整，多次加息并上调存款准备金、并出台了“国十一条”“国八条”“限购令”“禁墅令”等诸多调控政策，除 2008 年由于受全球金融危机影响出现了房地产市场降温、降价促销的情况外，其他时间房价均保持上涨势头，房价调控难见成效。

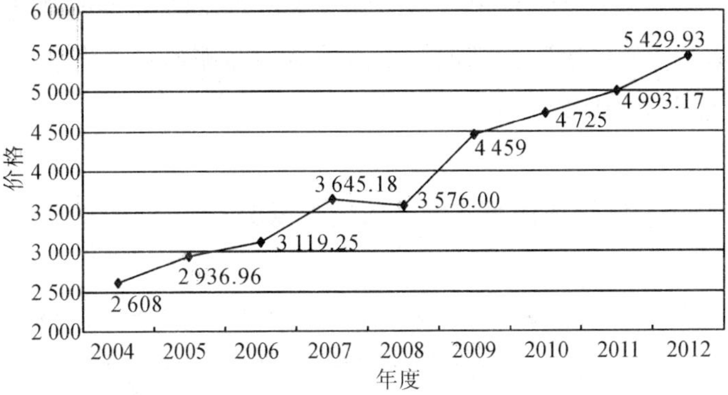

图 3.3　2004—2012 年中国住宅商品房价格趋势

数据来源：国家统计局《全国年度统计公报》

房价上涨情况中，大中城市涨幅尤甚。按图 3.3 所示数据，以公租房推行之前和开始推行的 2004—2010 年来看，2004 年，全国大中城市房屋销售价格同比涨幅在 10%左右，2005 年则在 9%左右，2006 年在 5%左右，2007 年上涨 7.6%，2008 年 6.5%，2009 年 1.5%（说明：该数据引起广泛争议，有专家认为该数据明显统计有偏颇），2010 年全年平均涨幅在 13.67%。2007 年，中国相关部门就公共租赁房开始可行性调研时，全国 70 个大中城市的房价涨幅为 7.6%。

从相关网站数据显示，2007 年一季度上涨 5.6%，二季度上涨 6.3%，三季度上涨 8.2%。其中，新建住宅价格上涨 7.2%（一季度上涨 6%，二季度上涨 6.4%，三季度上涨 9%，四季度涨幅）。二手住宅价格上涨 6.6%（一季度上涨 5.2%，二季度上涨 6.9%，三季度上涨 7.6%）。12 月同比涨幅较高的主要城市包括：乌鲁木齐 25.3%、北海 19.3%、惠州 19.0%、北京 17.5%、南宁 17.4%、宁波 17.3%、兰州 16.7%、重庆 15.9%和长沙 15.1%等。而 2007 年多地出现了"面粉比面包贵"的情况，土地价格的高涨预示着将会进一步推高未来房价上涨。

三、城镇居民可支配收入增长情况

经济的发展也给中国国民带来了收入的增长，2004—2013 年 10 年间，全国城镇居民可支配收入从 9 422 元上涨到 26 955 元（见图 3.4），涨幅达到 186.1%。

图 3.4　2004—2013 年中国城镇居民可支配收入

数据来源：国家统计局《全国年度统计公报》

虽然2004—2013年总体中国城镇居民可支配收入总体呈上升趋势，然而我们将其涨幅对比居民消费价格涨跌进行对比（见图3.5），我们不难发现从官方数据来看，城镇居民可支配收入的涨幅总体大于居民消费价格的涨幅。

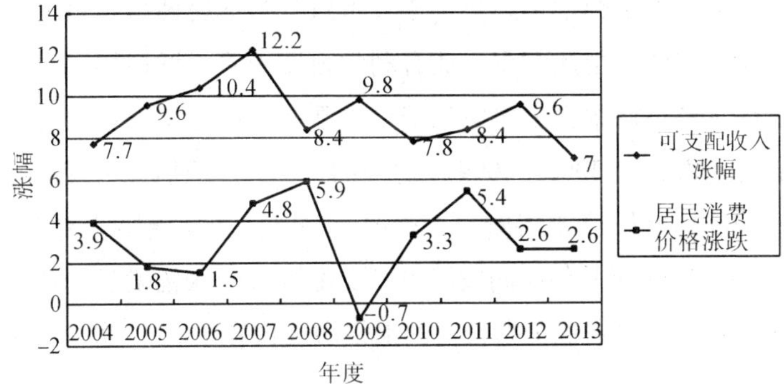

图3.5　2004—2013年城镇居民可支配收入涨幅与消费价格涨幅的对比

数据来源：国家统计局《全国年度统计公报》

然而，虽然存在前面的利好结论，但深层次分析两者之间涨幅的增长趋势，特别是通过研究我国公租房开始推进实施的前后时间段（即2006—2010年阶段），不难发现：①2006—2007年期间居民消费价格的增长趋势超过居民可支配收入的增长趋势；2007—2008年期间居民可支配收入涨幅呈下跌趋势，而居民消费价格涨幅反而呈上涨趋势。这意味着居民可支配收入的涨幅增长趋势未“跑赢”过居民消费价格的涨幅增长趋势。②2008—2009年态势对于城镇居民较有利，居民可支配收入增幅呈上扬趋势、而居民消费价格涨幅则呈大幅度的下跌，意味着居民可支配收入的涨幅增长趋势“跑赢”过居民消费价格的涨幅增长趋势。③2009—2010年，情况呈现不利的状况，居民可支配收入增幅下降、而居民消费价格呈现大幅度的上升，这意味着意味着居民可支配收入的涨幅增长趋势远远没有“跑赢”过居民消费价格的涨幅增长趋势。④2010—2011 年，虽然情况有所好转，但是居民可支配收入的涨幅增长趋势仍未“跑赢”过居民消费价格的涨幅增长趋势。由此可见，从有利的角度来看，城镇居民可支配收入整体涨幅大于居民消费价格涨幅。但是从涨幅的变化趋势来看，除 2008—2009 年之间的一年时间段居民可支配收入的涨幅增长趋势“跑赢”过居民消费价格的涨幅增长趋势，2006—2011 年其他时间段居民可支配收入的涨幅增长趋势均未“跑赢”过居民消费价格的涨幅增长趋势。

四、房价的上涨与城镇居民可支配收入情况

中国房价的上涨到底对城镇居民造成了多大的影响，有必要看看城镇居民可支配收入涨幅与房价涨幅之间的关系。通过 2005—2012 年城镇居民可支配收入涨幅与房价涨幅的对比图可见（图 3.6），房价的涨幅基本上是围绕城镇居民可支配收入涨幅上下波动，其中房价平均涨幅为 9.862 5%、城镇居民可支配收入平均涨幅为 9.525%。

通过研究我国公租房开始推进实施的前后时间段（即 2006—2010 年阶段），可见：①2006 年、2008 年、2010 年房价涨幅低于城镇居民可支配收入涨幅。其中 2008 年两者差距最大，这是由于受国际经济环境恶化影响，中国宏观经济下滑，故 2008 年房价呈现下跌趋势，而城镇居民可支配收入则

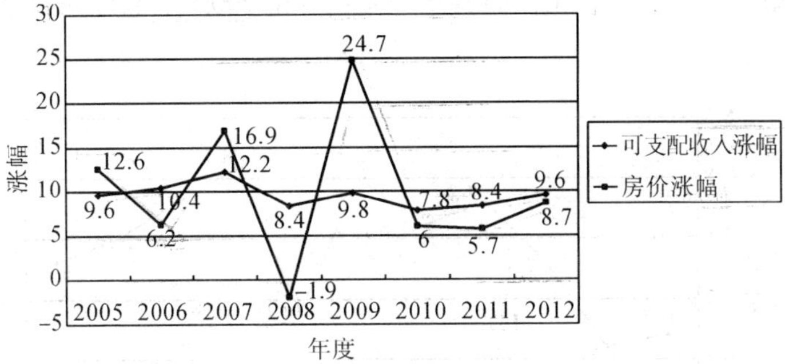

图 3.6　2005—2012 年城镇居民可支配收入涨幅与房价涨幅的对比

数据来源：国家统计局《全国年度统计公报》

保持 8.4%的涨幅。另外 2006 年和 2010 年房价涨幅比城镇居民可支配收入涨幅低 1.8～4.2 个百分点。②2007 年、2009 年房价涨幅高于城镇居民可支配收入涨幅。其中 2007 年房价高于城镇居民可支配收入涨幅 4.7 个百分点，土地价格上涨迅速，出现了“面粉比面包贵”的局面。而 2009 年两者差距最大（超过 2008 年），这是由于中央政府救市，采取了有利于房地产市场的“国十条”、降低商品住房等项目资本金比例、实行宽松货币政策、营业税减免等利好政策，使得该年房价大涨（涨幅达到 24.7%），房价涨幅高于城镇居民可支配收入涨幅 14.9 个百分点。

按照国际惯例，目前比较通行用房价收入比来评价房价的泡沫情况，房价收入比在 3～6 倍之间为合理区间，若房价收入比高于这一范围，则认为其房价偏高，房地产可能存在泡沫，高出越多，则存在泡沫的可能性越大，泡沫也就越大。2002—2012 年全国商品住宅房价收入比如图所示（见图 3.7），通过图示可见房价收入比均超出了合理区间，中国房地产可能存在泡沫，而其中2007年和2009年泡沫可能性最大。

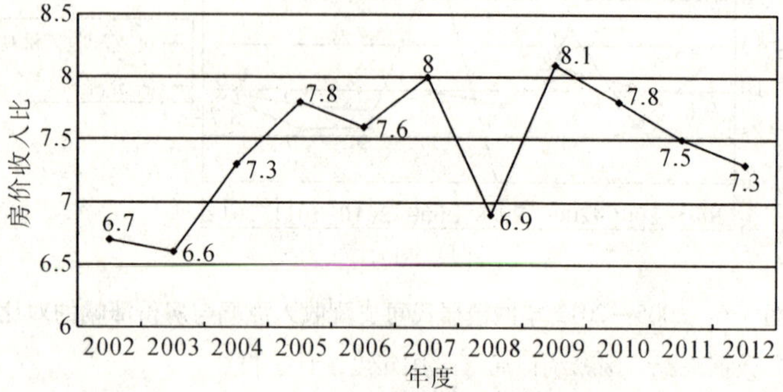

图3.7　2002—2012年全国商品住宅房价收入比情况

数据来源：上海易居房地产研究院

房价收入比超过了合理区间，意味着房价对于消费者来说过高。2011年《经济蓝皮书》针对此类情况提出了警示，认为中国居民购房压力过大。

五、小结

中国经济的发展带来了国民生产总值增长幅度一直呈现高位运行的态势，而与此相伴而来的是中国房地产市场的飞速发展，同时也带来了房价的持续增长。虽然房价的涨幅基本上是围绕城镇居民可支配收入涨幅上下波动，但是房价收入比却超过了国际认可的合理空间，越来越多的普通城镇居民面临买房的困局。

面对此类困局，为解决城市中低收入人群的住房问题，国家通过兴建廉租房、经济适用房、危旧房和棚户区改造安置房、城中村改造安置房、农民工公寓等多种形式的保障住房。2007 年出台的《国务院关于解决城市低收入家庭住房困难的若干意见》，提出要建立多层次住房保障体系；2010 年《国务院办公厅关于促进房地产市场平稳健康发展的通知》提出全年新增保障性住房 300 万套、改造各类棚户区 280 万户的年度工作目标，力争 2012 年年末基本解决 1 540 万户人均住房建筑面积 13 平方米以下低收入住房困难家庭的住房问题；国家住房和城乡建设部于 2011 年公布了 1 000 万套保障房的年度计划。

即便政府开始加重保障性住房的投入，2011 年我国经适房和公租房等保障性住宅的比例仅在 10%左右，不足其他发达国家平均 20%比例水平的一半，相比新加坡的 85%和中国香港地区的 49%的数据还有很大差距。而那些城市中低收入者中不能租廉租房、却买不起经济适用房，不能买经济适用房、却买不起商品房，刚刚毕业收入不低但没有积蓄、买不起房又租不到便宜稳定住房的人群（即大家常说的“夹心层”）的需求就更难以满足，尽管房地产市场和住房保障体系不断发展完善，但仍然有许多这样的家庭和新就业人员处在这个体系的“空白区”。“夹心层”现象普遍出现之后，如何满足这部分人群的住房需求，也是政府逐步重视的问题。

2007 年，中国相关部门就公共租赁房开始调研时，希望通过公共租赁房“探索解决大学毕业生等新就业人员的住房问题”。新就业人员的住房问题是中国各地区都面临的难题。他们虽然不属于低收入群体，但刚刚就业，积蓄少，存在阶段性的住房困难，建立公共租赁房有助于缓解这一问题，这种由政府建设、低于市场租金限价出租、能长期稳定居住的保障性住房，为填补住房保障体系的空白提供了可能。

第二节 中国公租房运营情况

一、供给数量

2008 年 12 月，在 2010 年召开的人大会议上，全国人大代表提出了扩大保障性住房的覆盖面，其供应对象是占城镇人口 60%左右的中等收入家庭。2009 年温家宝在“两会”的政府工作报告中，首次提到了要加快公共租赁房的建设。我国的公租房建设从 2009 年开始起步，2009 年和 2010 年建设的数量相对较少，分别只占各类保障性住房的 5.9% 和 6.2%，直到 2011 年建设数量才有了大幅度增加，上升到了 22.4%。2010 年全国计划新建公租房 40 万套，占 590 万套保障任务约 7%；2011 年全国计划新建公租房 220 万套，占 1 000 万套保障房任务的 22%；2012 年全国计划新建公租房 230 万套，占 700 万套保障房任务的 33%。同时中央对各地的公共租赁住房补助力度加大，为支持各地完成公共租赁房建设任务，2011 年 3 月财政部向各地补助了公共租赁住房专项资金 100 亿元，2012 年中央下拨 660 亿元的资金，2013 年下拨 580 亿元。

目前，各地公租房推进情况不一。北京计划“十二五”时期竣工各类保障性住房 70 万套，公共租赁住房占到公开配租配售保障性住房的60%以上，截止到2014年12月4日其公共租赁住房备案通过73 966户；广州2012年公租房数量32 798套，2013年在建的公租房项目有11个41 354套，2014年建成公租房11 141套，新开工6 000套；天津“十二五”期间将集中建设675万平方米15万套公租房，其中，2011年5个公共租赁住房项目同时开工，开工面积达220万平方米4.8万套房源，创下国内公租房一次性开工面积最大的纪录；重庆作为公租房建设实施力度较大的城市，提出了建设4 000万平方米公租房的目标，自2010年至2012年年底，重庆市公租房累计开工建设总量3 660万余平方米、近59万套，2013年度开工2 014万平方米。

2013年，住房城乡建设部、财政部、国家发展改革委对外公布《关于公共租赁住房和廉租住房并轨运行的通知》，从2014年起，各地公共租赁住房和廉租住房并轨运行，并轨后统称为公共租赁住房。2014年以前的年度已列入廉租房年度建设计划的在建项目可继续建设。两房并轨后，主要建设小户型住房，严禁面积超标，在分配时廉租房家庭优先分配公租房，租金方面则利用租金补贴来实现相同房源提供给不同人群。

二、供给主体

中国公共租赁房供给的总体模式是政府支持、市场运作。政府充分利用经济杠杆，引导和鼓励国有企业、民营企业、互助组织、公益基金等机构，以微利原则参与公共租赁房建设；

通过市场化购买、租赁等方式获取公共租赁房房源，充分利用民间的二手房资源。主要有以下三类供给主体，见表3.2。

表3.2　　公租房供给主体方式分类

A类——政府全面实施包办	由政府出地、政府投资、政府管理
B类——政府出地 用工企业出资建设	政府划拨土地，在用工比较集中的开发区、产业园区中，以及一些用工比较集中的大企业，由企业出资建设，首先满足该企业职工公租房的需要
C类——商品房配建公租房	要求一些地块在开发时，开发商必须配建相当于总住宅一定规模的公租房，开发商可自持或要求政府回购。（武汉例外，为建好后无偿移交政府）

A类中政府为唯一供应主体、委托国有的集团公司和区县政府性投资公司为建设主体的模式，修建大型公租房居住区，代表城市为重庆。《重庆市公共租赁住房管理暂行办法》中明确指出公共租赁住房由政府投资。公共租赁住房的建设主要依靠当地政府投入，虽然公租房实施力度大、效果好，但是也带来一个负面效应，就是地方政府财政投入压力非常大。

B类主要是有针对性解决用工量大的企业员工住房需求以及在特定区域（如开发区、工业园等）由企业投资公租房用于该区域员工居住，该类模式目前在全国各城市都有实施。如上海、天津等地，《上海市发展公共租赁住房的实施意见（征求意见稿）》进一步明确为“政府提供政策支持，通过专业机构采用市场机制运营”，指出公共租赁住房的供给主体主要依靠专业机构，进行市场化运营，而政府只在里面起到政策支持的作用。但是，由于对象特定，那些城市中低收入家庭（特别是那些贫困家庭，其中也包括诸多外来务工者），恰恰是这些最渴望公租房的社会群体，他们往往没有单位，或者虽有单位、但建立的却是松散的劳动用人关系，比如临时工、派遣工等，这类人享受不到 B 类方式提供的公租房，在惠泽公众方面打了折扣。

C 类中由政府为规划引导主体、委托开发商大量进行商品房配建，公租房分散于商品房住宅中，北京、杭州、武汉等地均采用该供给模式。如武汉早在 2011 年出台《关于加快发展公共租赁住房的意见》，要求一些地块在开发时，必须配建相当于总住宅规模 5%~10%的公租房，又规定 2014 年 7 月 1 日后挂牌推出的国有建设用地，若需配建公租房，开发商在建成后要将公租房无偿移交给地方政府。而北京等地则允许开发商自持建好的公租房，或者协议由政府回购。由于协议由政府回购将会加大各地地方政府财政压力，各地政府并无具体的实施细则，为了拿地开发商只能建公租房，只能把公租房上的亏损摊进商品房里，因此抬高了商品房的价格。

综上，这三种供给主体各有利弊，具体见表 3.3。

表 3.3　　三类公租房供给主体方式优缺点

类别	优点	缺点
A 类	实施力度大，见效快	政府投入大，财政压力大 选址集中，小区规模体量大
B 类	解决园区和企业生产生活所急，改善投资环境且财政投入较小	仅针对特定人群 选址特定
C 类	政府投入小，选址分散	回报低，开发商积极性不高 推高商品房房价

三、投入方式

公租房的投入分为实物投入和资金投入两类方式，各地在公租房投入方面基本上都是采取两类方式相结合。

公租房的实物投入方面，国内各地均采用通过新建、改建、收购、在市场上长期租赁住房等方式多渠道筹集。其中新建公租房为实物投入方式中提供房源数量最多的方式，由于中央对各地政府每年均有提供保障房数量的指标要求，而公租房又是保障房指标中重要的一部分，中央也对各地的公共租赁住房进行补贴。为及时完成公租房任务指标，各地纷纷开展公租房的新建工作。2010 年全国计划新建公租房 40 万套、2011 年计划新建公租房 220 万套、2012 年计划新建公租房 230 万套。但由于各地地方政府理念和地方财政实力差异，因此在供给主体方面有所不同，大多数地方均采用商品房配建和企业自建方式进行公租房的新建；少部分地方采取政府作为唯一供应主体的方式新建公租房；同时，还有一些地方政府则采取“公租房银行”作为公租房的房源，由政府指定机构面向社会收储闲置的房屋，再租赁给符合住房保障条件的城市中低收入家庭。这种方式，不仅拓展了保障性住房房源，还降低了公共租赁住房管理成本，特别是降低了地方政府的财政投入。如贵阳市就设立了公租房收储机构——贵阳市公共租赁房服务中心有限责任公司，面向社会收储公租房，客户将房屋存入服务公司后，由服务公司测算出房屋的出租价格，经房主认可后出租。客户在存房的同时，会得到一个由银行签发的银行卡，客户不向承租人直接收取租金，而是由服务公司定期将房屋租金直接划到客户账上，租金从房屋出租之日开始计算。

对于资金投入方面，为促进各地公租房建设，①中央政府也给予各地少量的补贴如：2011 年 3 月财政部向各地补助了公共租赁住房专项资金 100 亿元，2012 年中央下拨 660 亿元的资金，2013 年下拨 580 亿元。以 2012 年为例，将 660 亿元资金摊到 230 万套公租房上面，每套公租房可享受中央财政补贴约 3 万元，按每套 50 平方米计算，每平方米可享受中央财政补贴约 600 元，这与当前公租房的建设成本还有不小的距离，属于杯水车薪。因此公租房资金投入方面主要靠各地自行解决；②对于政府直接投资和政府组建投资公司建设的公租房，中央要求由政府注入项目资本金，其项目资本金资金可从中央、省级补助资金、市县政府公共预算安排的资金、土地出让收益安排的资金、住房公积金增值收益安排的资金，以及地方政府债券资金等渠道筹集，特别要求各地解决公租房项目资本金的资金来源首先要立足于政府预算安排资金，特别是地方政府债券资金要优先用于公租房等保障性安居工程。而部分地方政府为加快保障房建设资金的回笼速度，计划并发行房地产信托投资基金（该基金的缺点是时间短、利息高，实施有局限）；③对于企业投资建设的公租房，其项目资金由相关企业自行解决，政府可通过投资补助、贷款贴息等优惠政策予以支持。由于公租房的回报率低，需要 10 年乃至 20 年才能收回成本，这种新建公租房模式对投资方而言不堪重负。

四、建设标准

2010年住房城乡建设部等7部委联合制定的《关于加快发展公共租赁住房的指导意见》中要求：新建公共租赁住房主要满足基本居住需求，应符合安全卫生标准和节能环保要求，确保工程质量安全。成套建设的公共租赁住房，单套建筑面积要严格控制在60平方米以下；以集体宿舍形式建设的公共租赁住房，应认真落实宿舍建筑设计规范的有关规定。2012年住建部对公租房的设计方案进行了汇编，这是我国首个保障房的国家指导性设计方案。在已经汇编的设计方案中，一居室40平方米以下，两居室约50平方米，公租房以面积为40平方米左右的户型为主。

各地根据城乡建设部等部委的要求，纷纷结合本地需求制定了当地的公租房建设标准（见表3.4）。

表3.4　　代表城市公租房建设标准规定情况

序号	城市	相关规定
1	北京	公租房户型包括30平方米左右的厅室合一单居、40平方米左右的小套型、50平方米左右的中套型以及60平方米以下的四类套型。 基本可以达到“拎包入住”的标准
2	上海	人均居住面积不低于5平方米，主要为成套小户型住宅或集体宿舍，套均建筑面积一般控制在40~50平方米。 基本可以达到“拎包入住”的标准
3	天津	套型建筑面积以30至45平方米为主，最高不超过60平方米

表3.4(续)

序号	城市	相关规定
3	广州	广东公租房将定向出租，单套住房面积应严格控制在60平方米以下。单套面积将控制在40平方米以下，也鼓励30平方米以下
4	深圳	户型为30平方米、50平方米、60平方米左右的三种户型，比例原来为3∶4∶3，2014年起调整为现在的5∶3∶2，坚持多建小户型
5	宁波	成套住宅单套建筑面积以30~60平方米为主，户型包括单间、一室户和两室户。主打户型为40平方米的一室户和60平方米的两室户两种，简单装修并配置基本电器
6	重庆	户型面积为35~80平方米。主力户型是一室一厅、两室一厅。80平方米为三房一厅，但是承租人必须是在4人以上。 简单装修，未配置电器。基本达到拎包入住标准

某些地方政府也根据实际需要进行了面积的突破，如郑州出台公租房建设标准，突破了国家对于单套面积控制在60平方米以下的要求，最大面积可达90平方米，其中，60~90平方米住房作为产业集聚区人才专项公租房使用，只在产业集聚区建，旨在吸引高素质人才；重庆虽然也有80平方米的三房一厅，但是同时规定承租人必须是在4人以上。

五、供给对象

目前我国各个地方公租房供给的对象要求不同，主要有以下几类：第一类人群是进城务工人员。随着社会工业化、城市化加快，形成了大批的农业劳动力转移，如农村剩余劳动力进入城镇务工，到 2030 年，我国城市化率将达到 65%，有更多的农民进入到城市；第二类是各大学、中专、技校的毕业生。高房价对于生活在大城市、即使已经找到工作但是收入不高的毕业生来说，仍然是他们难以承受的；第三类是来城市居住的无住房人员。他们是相对于农村劳动力存在的，主要是由于户籍的划分形成的具有城市户籍的劳动力人口，他们在城市中居住，生活比较困难，被经济适用房和廉租房申请条件所限排斥在外，工资水平较低但也没有资格获得廉租房；第四类是其他人员。其他人员中包括不符合当地申请收入标准的残疾人、孤寡老人和居住面积达不到标准的其他人群。

通过对各地出台的公租房办法的汇总，可以看到大多数城市对公共租赁住房申请对象的户籍限制都已不明显，允许非城市户口群体申请，但是对于他们的其他方面也有比较严格的限制（代表城市见表 3.5）。

表 3.5　代表城市的公租房保障对象相关规定

序号	城市	相关规定
1	北京	包括三类人员：一是廉租住房、经济适用住房、限价商品住房轮候家庭；二是申请人具有本市城镇户籍，家庭人均住房使用面积 15 平方米（含）以下；3 口及以下家庭年收入 10 万元（含）以下、4 口及以上家庭年收入 13 万元（含）以下；三是外省市来京连续稳定工作一定年限、能提供相应证明且在本市均无住房的人员
2	上海	一是具有本市城镇常住户口或持有上海市居住证，二是已与本市就业单位签订一定年限的劳动或工作合同，持有上海市居住证和连续缴纳社会保险金达到规定年限

表3.5(续)

序号	城市	相关规定
3	天津	市内非农户籍，人均收入和居住面积在规定数量以下。其他类型中等偏下收入住房困难家庭，包括外地来津工作的无房人员
4	广州	申请人及共同申请的家庭成员具有本市市区城镇户籍，并在本市工作或居住；符合保障条件的外来务工人员也被纳入公共租赁住房的保障范围
5	深圳	满足以下任一条件： 1. 拥有深圳户籍和3年的深圳社保； 2. 拥有深圳户籍、一年的深圳社保、本科学历； 3. 拥有深圳户籍、一年的深圳社保、中级职称
6	南京	市区常住人口满五年、中等偏下收入，人均居住面积在保障线下；大型企业自建用于外来务工人员租住、高等院校自建用于新就业人员
7	宁波	非农常住人口、引进人才和外来务工人员可申请，但对资格做出了非常严格的规定，如要达到当地规定的高技术人才或优秀外来务工人员分数线，保险费或住房公积金缴纳达到一定年限
8	重庆	三类人：一是本市无住房或人均住房建筑面积低于13平方米的住房困难家庭；二是大中专及职校毕业后新就业的无住房人员；三是进城务工及外地来渝工作的无住房人员

六、运营平台

目前，全国各地陆续成立了公租房运营平台，代表城市为北京、上海与重庆。北京市2011年成立保障房建设投资中心，作为北京市统筹公租房融资、建设收购和运营管理的平台，该平台注册资本金为100亿元，由北京市财政以货币形式出资，是目前国内规模最大的保障性住房建设投资公司。财政每年对投资中心增资，确保投资中心可持续运转；上海成立了以区县为单位的专业公租房运营机构。各区县独立成立公租房运营公司，按照市场化方式运营，区县成立的公共租赁住房运营管理公司基本上都属于国企性质，并且是“全封闭”运作，只做公共租赁住房；重庆市2010年7月正式挂牌成立公共租赁房管理局。公共租赁房管理局成立后，承担公租房长远规划，负责公租房具体建设进度，并作为公租房的所有者进行公租房的租赁、日常管理，同时对公租房运行过程中的政策、规章可以提出新的建议，并进行相关修改。重庆下属各区也设置了相对应的公共租赁房管理局负责日常管理和租赁。

七、租金规定

根据住房和城乡建设部出台的《公共租赁住房管理办法》明确规定：“按照略低于同地段住房市场租金水平的原则，确定本地区的公共租赁住房租金标准。”各地政府纷纷根据前述原则对本地公租房租金的制定作出了相应的规定（见表3.6）。

表 3.6 代表城市的公租房租金相关规定

序号	城市	相关规定
1	北京	实行“市场定价、分档补贴、租补分离”的原则。公租房租金价格基本是项目周边房屋市场租金价格的80%至90%之间，且三年不变，一般一个合同期也是三年，签完合同之后，三年内租金不变。加上补贴后，中低收入家庭实际负担租金水平相当于市场租金价格的4%至81%。 对于城六区城镇户籍家庭申请公租房的，租金补贴按照家庭收入及困难程度分为六档，分别给予房屋租金的95%、90%、70%、50%、25%、10%补贴。 同时，租金实行动态调整，随着市场租金、成本变化而动态调整
2	上海	租房租金将按略低于市场租金的原则确定。市场租金委托专业估价机构实施，运营机构依据市场租金评估价研究制订公共租赁住房租金水平。 公积金可补贴公租房租金：如果公租房租金超过家庭收入的20%，该家庭可按一定流程对超出部分的租金，可提取公积金予以补贴。 公共租赁住房的租户只需支付租金，不需要缴纳物业费
3	广州	租金分为针对内夹心层和外夹心层两类标准。 面向内夹心层的公共租赁房租金将根据年人均可支配收入分三档收取，最低可按同地段房屋租金参考价的40%收取。而外夹心层设定指导价为不高于同地段房屋租金参考价的80%。 实行租金和物业服务费捆绑收取
4	深圳	2013年深圳公租房租金为市场价的60%
5	南京	租金标准不高于同类房屋同地段市场租金的70%

表3.6(续)

序号	城市	相关规定
6	宁波	实行政府定价。按同区域同类住房市场租金60%~80%的比例分类确定，各县（市）区实行差别化租金政策 租期最长3年，租金可用公积金支付，提取金额不得超过月缴纳额度
7	重庆	公租房租金原则上不超过同地段、同品质、同类型普通商品房市场租金的60%。租金实行动态调整，每两年向社会公布一次。 目前租房租金最高为每平方米11元，低的每平方米为9元

从目前各地租户对租金的认可情况来看，存在租户认为公租房租金定价偏高的情况。由于公租房实行“成本租金”或“准市场租金”，必然有一部分中低收入家庭出现承受力问题。如：北京2010年8月首次公布的三个公租房项目的租金不仅没比市场价低多少，有的甚至比市场价还高，引起了社会的质疑；上海商报2012年3月对上海首批5 100套公租房受理情况进行统计后得出其“出租率不足四成、市场认可度不佳”的结论；2012年3月经济参考报对武汉市首批公租房受理进行调查，发现武汉市首批公租房只有三成被申请，七成房源至今无人问津，处于闲置状态；昆明市2013年首批公租房共配租4 217套，有2 898户成功选房，剩下1 319户由于认为房租太高未选房和退租，未选房和退租率超30%。也有部分城市租金的设置较为人性化，如：常州大学生公共租赁住房允许“合租”，人均租金才百元左右；重庆可以家庭、单身人士、多人合租方式申请；贵阳由于实行“房屋银

行”，公租房实施成本较低，2011 年个别区域公租房租金才为 3.5 元/平方米。2014 年济南 14 个公租房小区按照位置不同全部实行阶梯价，从而对不同收入阶层的收费标准划分了合理区间；青岛也实行了公租房租金差别化，根据收入不同划分为四类，并享受不同的租金标准（以 2013 年度城市居民人均可支配收入为例，其中，人均月收入低于 810 元的市民租金标准为 0.75 元/月. 建筑平方米；人均月收入在 810 元至 1 380 元之间的市民租金标准按照同区域市场租金标准的 30%确定；人均月收入在 1 380 元至 1 762 元的市民，租金标准按照同区域市场租金标准的 50%确定；人均月收入在 1 762 元至 2 936 元的市民，租金标准按照同区域市场租金标准的 70%确定）。

八、退出机制

公租房具有准公共产品的属性，其分配过程中容易出现“搭便车”的行为发生，可能存在使用者通过隐瞒真实的财产性收入、开具假收入证明等手段拒绝退出公租房房，致使公租房但保障效率低下的困境。《公租房管理办法》中对于公租房的退出作了粗约的规定：①公共租赁住房租赁期限一般不超过 5 年；②对于转租、转借、擅自调换、改变用途、破坏住房、闲置 6 个月以上等情况要求退租；③运营单位应当对承租人使用公共租赁住房的情况进行巡查，及时处理问题；④租期满三个月前要提出续租请求，否则应退租。针对该办法，各地也纷纷推出了细则（见表 3.7）。

表 3.7　代表城市公租房退出相关规定

序号	城市	相关规定
1	北京	租期 3~5 年，需要续租的，合同期满前 3 个月重新申请，符合条件，办理续租手续；不符合条件的，承租人应当退出住房。 其他退出情况：转租、转借、擅自调换、改变用途、破坏住房、闲置 6 个月以上、连续拖欠租金 3 个月以上、购买住房或获得其他保障性住房
2	上海	租期不低于 2 年。续租的租赁中年限一般不超过 5 年。 其他退出情况：转借或转租，擅自改变居住用途，违反物业管理公约。合同约定应腾退住房而不腾退的给予一定过渡期限，拒不腾退的公告通报、纳入个人信用联合征信系统、5 年内不得享受住房保障政策
3	天津	租期首次不超过 3 年。需要续租的，合同期满前 3 个月重新申请，符合条件，办理续租手续；不符合条件的，承租人应当退出住房。 其他退出条件：转租、出借，改变结构和用途，连续空置 6 个月以上，累计欠租 6 个月以上
4	广州	合同期限为 3 年，租期满前 3 个月可申请续租，符合条件，办理续租手续；不符合条件的，承租人应当 30 日内退出住房。 其他退出情况：家庭收入、资产超出规定标准，获得其他住房（含租赁其他住房），不符合公租房租住条件给予腾退住房原租金标准 6 个月的过渡期，超过按市价 2 倍收取
5	深圳	合同期限为 2 年。①租赁合同期限届满未申请续约，退租。②合同期满前 3 个月重新申请，申请续约未经批准的退租。 其他退出情况：虚假材料骗租，不如实申报家庭人口、户籍、收入、住房等情况变化

表3.7(续)

序号	城市	相关规定
6	南京	初次承租一般3~5年，新就业者最长不超过10年。合同期满前3个月重新申请，符合条件，办理续租手续；不符合条件的，承租人应当退出住房。 其他退出情况：转租、出借，改变结构和用途，连续3个月以上空置，连续3个月或累计6个月以上欠租，获得其他政策性住房，违反物业管理公约
7	宁波	租期1~3年。退出公租房给予3~6个月过渡期，按同区域同类住房的市场标准收取租金。 其他退出情况：专租，虚报、瞒报、伪造资料骗租（骗租转租者5年内不能享政策），不符合申请条件，租赁合同的约定或法律规定应当收回公共租赁住房的情况
8	重庆	租期1~5年。需要续租的，合同期满3个月前重新申请，符合条件，重新签订租赁合同。不符合条件的，承租人应当退出住房。业主住满五年后，可以成本价+银行利息购买自住，不得进入二手商品房市场进行交易。 其他退出情况：骗租、转租、出借，改变结构和用途，连续空置6个月以上，拖欠租金累计6个月以上，从事违法活动

第三节　公租房运营问题的提出

一、建设财政压力大，公租房供应后劲乏力

目前，各地地方债问题比较严峻。从1997年至今，地方债几乎每年都增长20%以上，其中1998年债务余额比上年增长接近50%，2009年比上年增长超过60%。特别是2008年第四季度以来，在应对国际金融危机中出台的一系列结构性

减税政策、增值税转型改革，导致地方收入增速放缓、收支缺口扩大，形成地方政府举债新的诱因。近几年来，地方债规模急剧膨胀。截至 2013 年 6 月底，全国各级政府负有偿还责任的债务 20.70 万亿元人民币。考虑或有债务后，全国各级政府债务约 30.28 万亿元，其中地方政府债务余额 17.9 万亿元。根据中国 31 个省级地方政府在各自官网上公布数据显示，各地债务水平占政府收入的 69%至 159%，平均债务负担达到收入的 108%。2014 年 1 月全球债券评级机构穆迪在相关报告中指出，许多地方政府的直接债务规模已超出其偿还能力，中央政府可能需要向其提供额外的财政资源来提升其财政状况及偿债能力。有专业人士指出，2011 年至 2013 年到期偿还的债务分别占债务总额的 24.49%、17.17%和 11.37%，合计约占 53%，也就是说有近 57 万亿元的债务到期，目前中国各地政府正面临着比较严峻的问题——地方债务危机可能提前到来（见表 3.8）。

表 3.8　2013 年 6 月底地方各级政府债务规模情况表

单位：亿元

政府层级	政府负有偿还责任的债务	政府或有债务		合计	占比（%）	负有偿还责任债务占比（%）
		政府负有担保责任的债务	政府可能承担一定救助责任的债务			
省级	17 780.84	15 627.58	18 531.33	51 939.75	29.03	16.33
市级	48 434.61	7 424.13	17 043.7	72 902.44	40.75	44.49
县级	39 573.6	3 488.04	7 357.54	50 419.18	28.18	36.35
乡镇	3 070.12	116.02	461.15	3 647.29	2.04	2.83
合计	108 859.17	26 655.77	43 393.72	178 908.7	100	100

数据来源：审计署 2013 年第 32 号“全国政府债务审计结果”

在地方债问题凸显的情况下，公租房的建设无疑将会加大地方政府的财政压力。公租房建设作为政府重视的民生工程项目之一，中央政府要求各地政府每年都保证一定数量的公租房开工和竣工。在这种完成中央政府任务要求的压力下，大力推进地区公租房建设不可避免会让地方政府面临较大的财政压力。据数据显示：2010 年全国计划新建公租房 40 万套，2011 年全国计划新建公租房 220 万套，2012 年全国计划新建公租房 230 万套。以 2012 年为例，全国公租房按平均面积为 50 平方米/套、建安费用 3 500 元/平方米来计算，2012 年公租房建设光是建安费用就需要 4 025 亿元，尚不计拆迁费用、资金费用、其他费用等，若将拆迁及资金费用估算进去后［贷款利率按 3~5 年贷款基准利率九折计算即 5.4%，3 年贷款利率总和 16.2%，拆迁费用全国范围按 500~2 000 元/平方米楼面费用计算，公租房成本=拆迁费用+建安费用+资金费用+其他费用=（5 252 亿元~6 973.6 亿元）+其他费用］，即不计其他费用 2012 年公租房建设成本不低于 5 252 亿元~6 973.6 亿元。而中央政府对于公租房补助的专项资金 2012 年为 660 亿元，折算到每平方米公租房面积上也只有 600 元左右，属于杯水车薪。因此，绝大部分资金都需要地方政府自筹。

《公共租赁住房管理办法》指出公租房可以通过新建、改建、收购、长期租赁等多种方式筹集，可以由政府投资，也可以采取政府提供政策支持、由社会力量投资。然而由于社会力量参与热情不高，为按时完成各地公租房供应任务、解决资金缺口问题，各地纷纷利用国有建融资平台筹集资金。由于近几年为了加快地方建设，地方政府通过融资平台已大量举债，使得地方债务快速增长。银监会多次警示平台项目风险，2011 年 8 月央行、银监会联合发文规定直辖市、计划单列市、省会城市只能有一家融资平台公司承贷公共租赁住房贷款。对于政府投资的公租房项目，通知规定贷款利率按中国央行利率政策执行，利率下浮下限为基准利率的 0. 9 倍，贷款期限原则上不超过 15 年，具体由借贷双方协商确定。国家发改委也提出各地规范后继续保留的投融资平台公司可申请发行企业债券，募集资金应优先用于各地保障性住房建设。由于各地政府纷纷利用融资平台筹集各类所需资金，截至 2013 年 6 月底，地方政府融资平台公司举债占比最大，占地方债务总额的 38. 96%（通过表 3. 9 可见）。地方政府融资平台风险目前为国内金融体系最严重的三大风险之一。

表 3. 9　2013 年 6 月底地方政府债务余额举债主体情况表

单位：亿元

举债主体类别	政府负有偿还责任的债务	政府或有债务		合计	占比（%）
		政府负有担保责任的债务	政府可能承担一定救助责任的债务		
融资平台公司	40 755. 54	8 832. 51	20 116. 37	69 704. 42	38. 96
政府部门和机构	30 913. 38	9 684. 2	0	40 597. 58	22. 69
经费补助事业单位	17 761. 87	1 031. 71	5 157. 1	23 950. 68	13. 39
国有独资或控股企业	11 562. 54	5 754. 14	14 039. 26	31 355. 94	17. 53
自收自支事业单位	3 462. 91	377. 92	2 184. 63	6 025. 46	3. 37
其他单位	3 162. 64	831. 42	0	3 994. 06	2. 23
公用事业单位	1 240. 29	143. 87	1 896. 36	3 280. 52	1. 83
合计	108 859. 17	26 655. 77	43 393. 72	178 908. 7	100

数据来源：审计署 2013 年第 32 号“全国政府债务审计结果”

通过对本书所列举的公租房代表城市所在省市的地方债务进行梳理（见表3.10），可以看到各地地方债务规模较大，地方财政支出较大致使举债增多。而公租房建设任务的实施会进一步加大地方财政的支出，使得地方政府的财政压力凸显。公租房后续建设的势头是否仍然按近几年这种大面积推进的势头进行建设？地方财政对于公租房建设的资金保障是否依然如近几年充足？公租房后续供应是否得以长久保障？这些问题都是值得关注的问题。不管怎样，值得一提的是，公租房的长久推行是与公租房资金来源有保障相关的，也是与地方财力紧密相关的。如果各地政府地方债务不能得到良好的控制，公租房建设会缺乏长期稳定的资金来源，将会影响到公租房的后续供应。

表3.10　2013年6月底代表城市所在省市的债务规模及占比

单位：亿元

省市	债务规模	占比（%）
北京	7 554.14	4.2
上海	8 455.85	4.7
河北	7 514.76	4.2
广东	10 165.37	5.7
江苏	14 768.74	8.3
浙江	9 905.05	5.5
重庆	7 360.27	4.1
全国各省债务总规模	178 908.7	上述省市占比合计36.7%

数据来源：审计署2013年第32号“全国政府债务审计结果”

二、土地来源方式单一，产生商品房用地的挤出效应

公租房作为保障性住房的主力军，其土地往往采取政府划拨的方式。2010—2012 年全国开工 490 万套公租房，按每套房平均面积 50 平方米估算，全部开工规模为 24 500 万平方米，小区容积率按 2 计算，则需要用地面积为 12 250 公顷。而目前国土资源部对于各地土地的供应是采用“总量控制”的方式，每年制定并下发土地供应计划，逐步实现按计划供地。据数据显示，2010 年全国 30 个省区市（不含西藏和新疆建设兵团）住房供地计划 18.47 万公顷，2012 年全国住房用地计划供应 17.26 万公顷，2013 年计划供应 15.08 万公顷，2011 年全国住房用地计划实际落实量 13.59 万公顷。以 2011 年为例，全国 220 万套公租房需要占用用地面积为 5 500 公顷，占该年全国住房用地实际落实量的 4.05%。

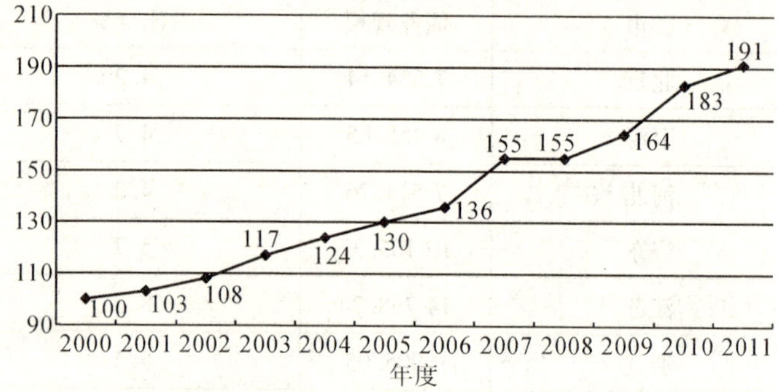

图 3.8　全国重点城市 2000—2011 年住宅地价定基价格指数

数据来源：国土资源部网站

由于土地供应实行总量控制，住宅用地供应紧张，大力建设公租房会对商品房建设用地形成挤出效应，对地方政府

的“土地财政”造成冲击。目前，各地政府对于“土地财政”的依赖度较高，通过征地—卖地—收税收费—抵押—再征地的滚动模式赢取高额利润，通过图 3.8 全国重点城市 2000—2011 年住宅地价定基价格指数可见，地价上涨迅速，地方政府通过出让金每年获取收益不断上涨。而地价的上涨，同时也带来了房价的上涨，从图 3.9 可见，房价的增长率基本与地价的上涨率趋势相符。而房价上涨带来的税收增长，也是各地地方政府重要依赖的税收来源。2014 年 8 月《第一财经日报》对 25 个中心城市公开发布的上半年数据梳理发现，各个城市房地产开发投资占 GDP 的比重高，在统计的 25 个城市中，排名前 10 的分别是贵阳（51.16%）、昆明（43.31%）、福州（36%）、西安（34.46%）、沈阳（29.69%）、厦门（25.97%）、武汉（25.36%）、郑州（24.94%）、杭州（24.83%）、重庆（24.11%）。由该数据可见，地方政府对于土地财政以及商品房开发的热情和依赖。

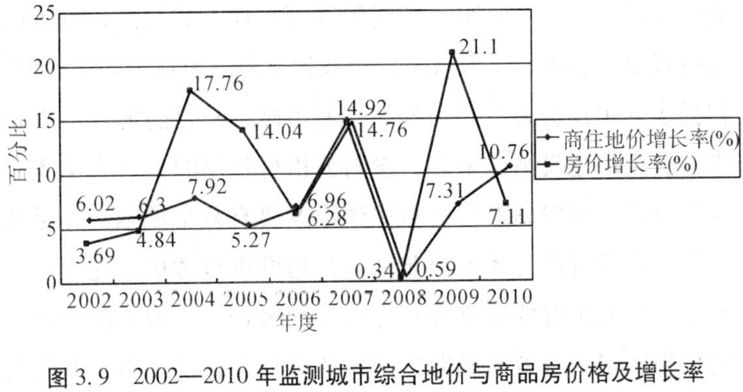

图 3.9　2002—2010 年监测城市综合地价与商品房价格及增长率

数据来源：中国土地勘测规划院《2010 年我国城市地价与房价关系专题报告》

公租房用地为地方政府在每年的用地总量中划分出一部分进行无偿划拨，带来以下问题：一方面，由于各地地方政府对于房地产及“土地财政”的高度依赖，公租房的建设在土地供应总量控制的前提下，将会减少商品房用地的出让数量，理论上政府的土地出让收益将会减少，同时商品房开发数量也会减少，由商品房开发带来的税收也会减少，这种情况将会影响到地方政府实施公租房建设的积极性。而另一方面，由于商品房用地数量的减少也会导致供求关系更为紧张，土地出让市场的激烈竞争将变相推高商品房用地的土地出让价格；与此同时，开发商就会把公租房上的亏损摊进商品房里，将进一步推高房价。

三、相关机制未建立，社会力量主动参与热情不高

虽然国家在《公共租赁住房管理办法》指出公租房可以通过新建、改建、收购、长期租赁等多种方式筹集，可以由政府投资，也可以采取政府提供政策支持、由社会力量投资，但是实际中社会力量参与的热情并不高。从目前的社会力量参与公租房建设情况来看，参与公租房建设的社会力量主要为开发商。开发商参与公租房建设主要有两个原因：一是从社会责任角度进行考虑而非从利润角度进行考虑，这类企业基本为带有国有背景或者实力雄厚的民企，是为了配合政府建设保障房的政策而采取的回馈社会行为；二是由于商品房配建公租房要求。多地要求新出让土地用于开发建设商品住房的建设项目，均按不低于建设项目住房建筑总面积一定比

例来配建公租房，开发企业为了获取开发用地而被动不得已参与公租房建设。有人士指出，通过“捆绑打包”的方式以薄利来建设公租房，其实质是用普通商品房的利润来填补公租房的微利（甚至无利），并未给公租房找到一种能够实现自我循环的、可持续性商业模式。究其原因，主要是在于社会力量参建公租房的两大机制没有建立：盈利机制和企业退出机制。

首先，就盈利机制而言，在普遍推行的配建、代建和开发三种模式中，房地产企业独立开发模式的公租房目前并没有成功案例。这是由于公共租赁住房的特点之一是回款周期长，企业如参与建设并持有，需承担多方面的风险和不确定性，在这种开发模式下尚不存在收益与风险相匹配的经营模式。2008 年万科在广州启动首个保障性住房实验项目就是个例子，其收益却远低于万科的预期，有媒体报道称，“万汇楼”每月租金收入扣除管理运营费用后的利润仅为 5 万余元，而万科前期的投资高达 4 624 万元，除去 1 500 万元“企业公民社会责任”的专项费用，其余成本需要 57 年才可以收回。该数据可靠性虽然值得探究，但也从一个方面说明了社会力量参与公租房建设普遍面临的尴尬局面。因此企业更愿意选择利润率更低的代建模式而不愿意选择开发模式，原因就在于代建模式无需企业事先垫资、融资，不会影响企业的现金周转。

其次，就退出机制而言，由于开发企业参建公租房单纯靠租金回报的模式周期过长，需要长期管理租赁房项目，这也考验企业的精力和企业生存年限，因此很多企业参建公租房时，往往期望由政府全数回购、统一运营。而政府回购公租房后同样需要面对成本回收周期漫长的问题，这样一来无疑将给地方财政带来巨大的压力。因此，各地的企业参建公租房的退出机制（即政府回购机制）并未健全，很多地方只是有此提法而无行动，很多企业对此并不乐观。除此之外，企业参建公租房也没有市场化的退出机制，如公租房信托基金等。目前已有城市在推动房地产信托基金（REITs），但由于租售比失衡使得市场并不看好 REITs。全国工商联房地产商会于2010年向国家发改委、住建部提交了首只“公租房基金”的方案，但从较为谨慎的角度来看其真正的投资回报率只有5%，愿意对公租房的低投资回报率进行尝试的企业有限。

四、租金接受度低于预期，政府境地两难

当各地首批公租房建成配租之时，却普遍出现“热建不热销”的情况。住房与城乡建设部提出要求各地按照略低于同地段住房市场租金水平的原则制定公租房租金，各地政府根据此政策纷纷将租金标准为市场租金的60%~90%，如北京为市场租金80%~90%、重庆深圳为60%。然而，实际运营中公租房保障对象对租金的接受认可度并不乐观。2010年北京市首次公布公租房成本租金，却被反映部分房源公布的成本租金高于周边社会住房的租金。2011年上海首批两个市统筹公租房项目配租时出租率不足四成，武汉市公租房入住率仅有23%，郑州公租房申请人数都不足50%。重庆市也由

于初期入住率低于预期而降低了准入门槛，取消了原有严格的收入限制，这虽然一定程度缓解了入住率低的问题，但是也反映出原来预期的公租房被保障群体对于公租房租金承受困难的问题。

一方面，公租房受众认为租金制定偏高，另一方面各地公租房租金制定又逼近甚至低于回收投资成本的底线，使得各地政府处于两难的境地：①租金制定偏高，公租房被保障群体经济负担大，在同等价位下可选择的社会房源相对较多，导致出租率不高，这违背了公租房建设的初衷，达不到政府提供公租房解决夹心层住房困难的意图。②租金制定偏低，投资者回报相应降低、投资回收期将大量延长，虽然出租率提高了，但是牺牲了投资者利益，这不符合经济规律，从长远来看不利于公租房健康发展。

针对这种两难的境地，各地政府也纷纷采取了相应的对策予以缓解。代表城市为重庆和北京：①重庆市政府除前面所说的通过降低准入门槛来提高出租率的情况外，由于其租金定价相对较低，是市场标准的60%，为了保证公租房后续资金的投入以及前期资金的及时回收，重庆市规定租满5年后租户可以购买其租住的公租房，购买时的房价以综合造价为基准；②北京租金标准为市场价的80%~90%，属于租金定价相对较高的情况，为提高出租率和减轻夹心层的经济负担，北京市于2012年6月1日实施《关于公共租赁住房租金补贴申请、审核、发放等有关问题的通知》，按档次给予公租房租户给予租金补助，根据家庭收入及困难程度将租金补贴分为六档，分别给予房屋租金的95%、90%、70%、50%、

25%、10%补贴。2012年北京市50平方米社会房源平均租金约为3 000元/套，公租房平均租金按照该租金的85%估算则每套租金为2 250元/套，人均收入在1 200元/月至2 400元/月的夹心层群体够获得10%～25%的租金补贴，按平均17.5%补贴、平均收入1 800元/月·人估算，则每套公租房实际承受租金为1 856元，按三口之家计算该租金为家庭收入的34%左右。

前述两种缓解措施中，第一种措施较受诟病，这是因为公租房出售只能解决短期的资金回收问题，公租房出售必然会导致房源的减少，房源的减少又会加大公租房的供需失衡，公租房的供需失衡又会迫使政府继续修建新的公租房来增大供应，政府后续的财政投入不可避免，因此第一种措施是一种权宜之计，不利于公租房的可持续供应；第二种措施相对于第一种措施而言更具有合理性。公租房供应是解决“夹心层”的住房困难，而夹心层又分为两类：买不起但租得起的“上夹心层”，以及租都租不起（或租不好）的“下夹心层”，广州市就是针对下夹心层的租金为40%、对上夹心层租金为80%。采取根据夹心层的收入和困难程度分类后进行租金补贴，不会对于公租房的整个租金水平产生较大的冲击，有利于吸引社会资金参与且不会对私人住房租赁市场产生冲击，有利于建立合理的住房供应体系。

五、项目选址不佳、规划体量偏大

在本节关于公租房对于商品房用地的挤出效应中可见，

一方面，由于各地地方政府对于房地产及“土地财政”的高度依赖，公租房的建设在土地供应总量控制的前提下，将会减少商品房用地的出让数量。对于依赖“土地财政”的地方政府而言，商品房用地数量的减少将使得土地出让金收入减少。为尽量减少土地出让金的损失，地方政府往往舍不得将地段佳的地方作为公租房建设用地，而将地段佳的地方作为开发用地以收取高额的土地出让金，这也造成了目前公租房选址偏远的问题。而在那些公租房建设主要由政府推行建设的城市中，还存在公租房社区体量偏大的情况，例如重庆主城100万平方米以上规模的公租房小区其建设规模就占了主城区公租房建设规模的74.1%。这也是和因为选址偏远会增大配套设施特别是交通设施的投入有关，增大公租房社区体量将会摊薄每平方米公租房的配套费用。

但公租房项目选址在偏远的地方，往往会增大公租房保障对象的交通成本和生活成本，直接影响到他们的生活质量。2013年深圳最大公租房项目初定入围和候补入围申请家庭10 352户。然而入围申请人首批看房后，由于项目选址均为深圳关外龙岗区，地处偏远、周边配套还不够完善、生活便利度较差，约45%的申请家庭选择放弃递交材料。北京市苏家坨公租房小区已投入使用3年多，虽然有教育配套和医疗配套，但由于小区位置太偏、商业配套差，小区入住率才达1/3左右。此类情况在全国各地均有出现，尽管租金有一定的优势，但是这些公租房区位不理想，交通不便，路上花费时间长，交通成本较高，增大了公租房申请人群的经济压力。另外生活质量会受影响，由于项目不是在配套成熟的市区，虽然房子本身不错，但医疗和入学却很不方便。这些情况都造成了保障群体的“弃租”行为发生。

除了选址偏远问题外，公租房项目体量过大又会造成一系列的社会问题。①过大的体量公租房社区容纳人口数量多，租户的交通、生活、娱乐需求要求政府进行相应的配套建设，这将会考验政府的配套设施建设力度。以一个 100 万平方米的公租房社区为例，按平均 50 平方米/套、每套人口 3 人估算，小区户数 2 万套、容纳 6 万人口，按人口规模属于居住区规模（居住区的合理规模一般为：人口 5 万~6 万人）。根据国家《城市居住区规划设计规范》的相关规定（见表 3.11）取上限，该小区公共服务设施建筑面积 84 260 平方米，投资者除承担土建施工造价外，还需要配置相应的设备设施。另外，由于公租房社区远离城市中心，要解决如此大容量的社区人口交通需求，政府还需要加大公共交通线路建设，如重庆市民心佳园在 2012 年入住时开通了 8 条公交线路、1 条轻轨线路。②过大体量的公租房社区也加大了社区管理困难。过大的社区将考验社区服务、社区文化、社区环境、社区卫生、社区人口管理、社区治安管理、社区管理经费等方面的执行力度，加大了原有政府职能部门的工作量。如社区人口和治安管理方面就会大大加重该地区公安部门的工作困难，以一个 100 万平方米的公租房社区为例，由于该区域猛增容纳人口近 5 万~6 万人且人口情况较为复杂，需要更多的公安警力资源对该社区进行管理，但由于受人员编制的制约使得不能按同等增加规模配置警力，因此一方面增大了公安部门的工作压力，另一方面也存在管理力度不够的情况出现。③过大体量的公租房社区的建设还会带来一个社会学问题，就是贫富分区的问题。国外贫富分区的问题普遍存在，以“贫民窟”最具代表性，发展中国家的贫民窟多在城郊结合部，而发达国家多在市区。我国目前低收入人群聚集地主要指棚户区，兼顾城中村。而公共租赁房远郊地区，交通不便、配套不全，加之中低收入家庭集聚，很容易形成未来新的贫民区。有人认为，集中大体量修建公租房社区，将会导致政府一定程度上主动人为地划分出贫富区的情况发生。因此，如何在规划中尽量避免此类情况的发生，也是诸多人士讨论的重点。

表 3.11　公共服务设施控制指标（平方米/千人）

居住规模类别		居住区	
		建筑面积	用地面积
总指标		1 668~3 293 （2 228~4 213）	2 172~5 559 （2 762~6 329）
其中	教育	600~1 200	1 000~2 400
	医疗卫生	78~198(178~398)	138~378(298~548)
	文体	125~245	225~645
	商业服务	700~910	700~910
	社区服务	59~464	76~668
	金融邮电	20~30（60~80）	25~50
	市政公用	40~150(460~820)	70~360(500~960)
	行政管理及其他	46~96	37~72

第四节　可持续运营应关注的问题及研究对象的选择

通过对于目前中国公租房运营的问题的总结的梳理（图3.10）可见，财政压力大、欠缺盈利机制以及土地来源单一产生的挤出效应都会影响到政府进行公租房建设的投入度，直接影响公租房的后期供应；而欠缺盈利机制也同时造成社会力量对于参建公租房的热情不高，企业退出机制不完善也会阻碍社会力量参与公租房建设，直接影响到公租房的后期供应；租金接受度低以及规划选址方面的问题会加大使用者经济负担、影响生活质量，致使使用者满意度降低，甚至出现弃租的现象，将会影响公租房建设的成效和租金等收入来源，间接地影响到公租房的后续良性运营，打击投资者的投资热情。

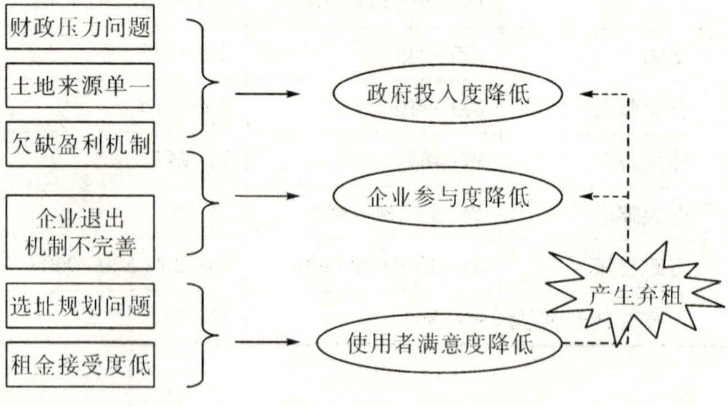

图3.10　公租房运营问题梳理图

公租房的良性运营离不开后续充足的供应，也离不开使用者对于公租房的认可。要保持公租房的可持续运营：首先要保证后续供应，即政府保持继续投入或引导社会力量分担公租房建设任务；其次要保证公租房资源得到有效利用，即增加使用者满意度、减少弃租。因此中国公租房的可持续运营需要从供应来源、盈利机制、运营成效等方面来进行研究。

目前国内各地公租房建设在大刀阔斧地推行。在推行过程中出现的问题存在一定的普遍性、也存在特殊性。因此可以选择公租房建设的代表城市作为研究对象，通过对前述几个方面的研究来发掘出相应的问题，并提出有利于公租房运营可持续发展的对策，为国内公租房运营可持续发展提供相应的启示。重庆市作为公租房建设推行力度较大的城市，其公租房建设规模一直走在全国前列，选择重庆市作为研究的对象，可以有代表性地通过其实施过程的特殊性反映出目前国内公租房建设的普遍性问题，并可以有针对性地提出相应的具体对策来供各地政府参考。

第四章　以重庆为对象的公租房运营研究

第一节　重庆公租房产生的背景

一、地方经济增长情况

重庆2006—2013年国内生产总值（图4.1）逐年呈上升趋势，从2006年的3 907.23亿元上涨至2013年的12 656.69亿元。其每年相抵上一年的涨幅也保持平均14.637%的涨幅，高于全国9.95%的平均涨幅（图4.2）。在重庆公租房计划实施的2009年，重庆的国内生产总值为6 530.01亿元，相对上一年的涨幅为14.9%，这也为重庆市计划由政府作为唯一投资主体进行公租房建设打下了基础。2010年重庆市开始正式实施公租房建设，通过数据可见，即使2008年中国受全球经济形势负面影响，重庆的国内生产总值相对上一年的增幅也达到了14.5%，高于全国2006—2013年的最高增幅水平。2010年重庆国内生产总值相对上一年的涨幅尤为明显，达到 17.1%的涨幅。这从一定程度上体现了地方经济增长势头好，政府对于未来的经济预期较高，因此对于公租房大规模投放具有信心，而重庆市政府也提出了大规模的投放方案：建设 4 000 万平方米公租房，从 2010 年起的 3 年内每年建设 1 000 万平方米，后几年视社会需求再建 1 000 万平方米或更多面积的公租房。重庆于初期开工建设 8 个公租房项目，共计 1 350 万平方米。

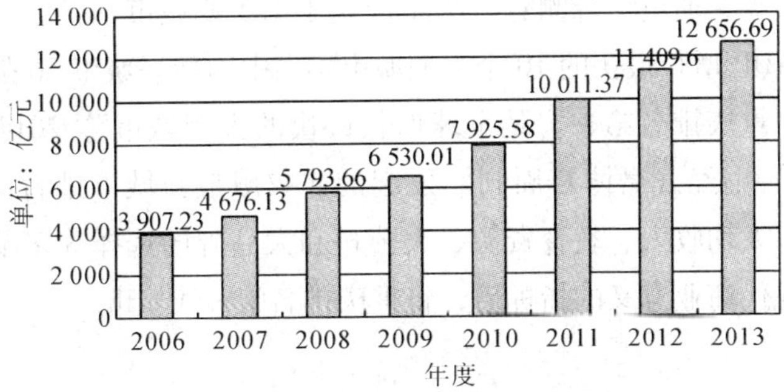

图 4.1　重庆 2006—2013 年国内生产总值

数据来源：2011 年重庆统计公报、2013 年重庆统计公报

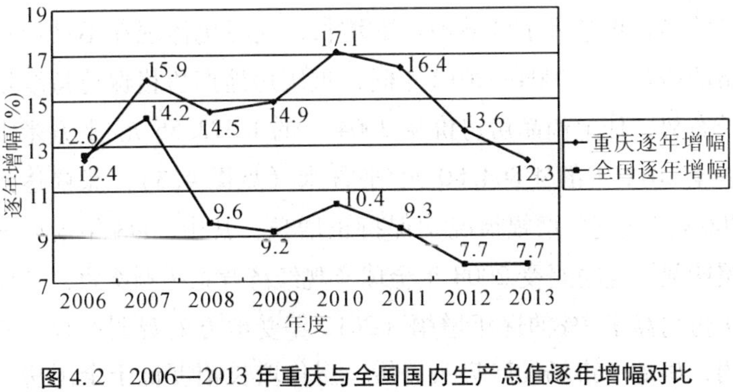

图 4.2　2006—2013 年重庆与全国国内生产总值逐年增幅对比

数据来源：2011 年重庆统计公报、2013 年重庆统计公报

重庆近年的经济发展是质的飞跃，工业高新化、城镇化，经济产业发展得到全面升级。2012 年福布斯发布的“未来 10 年全球发展速度最快城市”研究报告中，成都、重庆、苏州和南京 4 个城市榜上有名，重庆成为仅次于成都排名第二的城市。2013 年仲量联行根据 200 多个指标，包括 GDP（总值、增长率、人均值）、人均可支配收入、存款储蓄、社会消费品零售额、外商直接投资、固定资产投资和酒店办公楼数量等，通过综合测算认为重庆属于 1.5 线城市，提出“全球 GDP 增长最快的 10 个大型城市均在中国新兴城市 50 强之列。重庆排名第一，是全球增长最快的大型城市”。2014 年《第一财经（微博）周刊》发起的非权威最新城市排名，综合了人均收入、教育资源、大公司和大品牌的选择等多项更具现代商业意义的指标后，将重庆排名为一线城市。

二、重庆房价增长情况

重庆市作为中国最新的直辖市受到国内国际的瞩目，经济的增长也带来了区域地位的增长，同时也体现在不动产价格的增长上。2004—2012 年间，重庆房地产价格保持持续增长态势，住宅商品房房价从 2004 年的 1 572.56 元/平方米上涨至 2012 年的 4 804.80 元/平方米（见图 4.3），涨幅达到 206%。其逐年增幅情况均保持正增长，其中 2008 年增幅放缓明显，这也是受 2008 年全球宏观经济背景影响所致，其他年份均高于 7%的逐年增幅（2012 年受地方宏观调控政策制约，房地产市场发展势头放缓，房价增长幅度低于全国房价增幅，但也仍然保持 7%的逐年增幅）。对比全国 2004—2012

年住宅商品房房价逐年增幅（见图 4. 4）可见，重庆住宅商品房房价增长幅度普遍比全国逐年增长幅度高（除 2009 年全国高 1%、2012 年全国高 1. 7%外）。以上数据为重庆市行政区划全部范围统计数据，而主城和区域性中心的住宅商品房房价情况还应上浮。

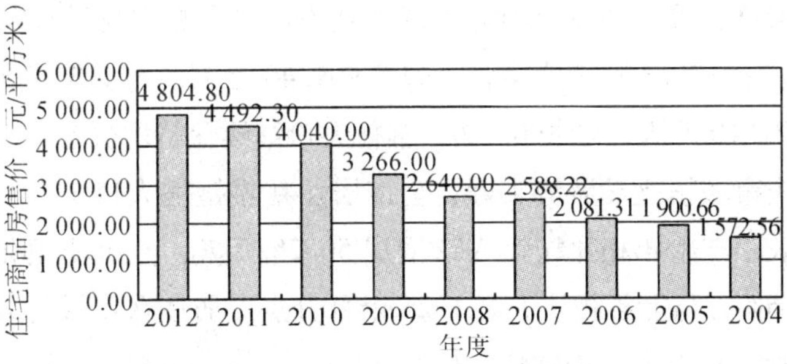

图 4. 3　2004—2012 年重庆住宅商品房价格

数据来源：国家统计局官网

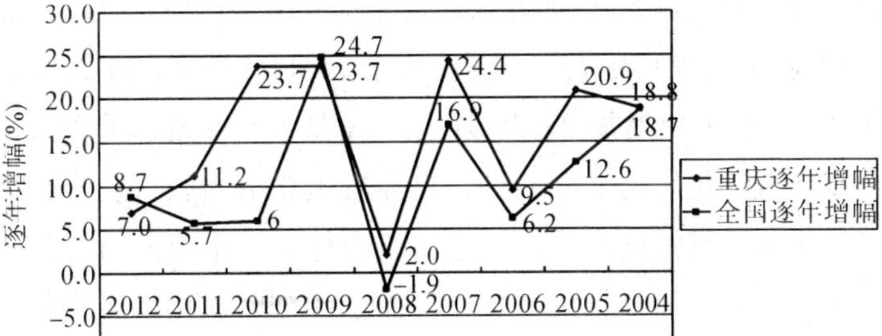

图 4. 4　2004—2012 年重庆与全国住宅商品房逐年增幅对比

数据来源：国家统计局官网

而近年来相关专业研究机构对于重庆市的相关排名及城市划分结果显示，重庆作为国家中心城市、长江上游地区经济中心和长江上游地区金融中心、内陆出口商品加工基地和扩大对外开放的先行区、中国政府实行西部大开发的开发地区以及国家统筹城乡综合配套改革试验区，其地位越来越彰显。2011 年国务院批复的《成渝经济区区域规划》把重庆定位为国际大都市，根据 2014 年国务院最新的调整城市规模划分标准，重庆跻身全国七个超大城市行列。据重庆统计局数据显示，2013 年全市常住人口 2 991.40 万人，与上年相比增加 21.40 万人、增长 0.7%，常住人口继续保持增长态势。而重庆市城镇化发展势头好，全市居住在城镇的人口 1 783.01 万人，与上年相比城镇人口增加 50.25 万人；全市城镇化率 59.6%，与上年相比上升 1.26 个百分点。居住在乡村的人口 1 208.39 万人，占常住人口的 40.4%，与上年相比乡村人口减少 28.85 万人。外出外来人口方面：全市外出（跨乡镇、街道）人口 1 069.69 万人，比上年增加 26.56 万人（其中外出至市外的人口 530.08 万人，占全部外出人口的 49.6%，比上年减少 1.90 万人）；市内外出人口 539.61 万人，占 50.4%，比上年增加 28.46 万人。由表 4.1 可见，重庆五大功能区城镇化呈现上升趋势，整体城镇化潜力较大。常住人口的增加、城镇化步伐的推进、市内外出至本市人口与市外外来人口的增加都将会增加住房需求，可以预见重庆房价上升空间比较大，未来很长一段时间，重庆房价都可能保持增长的势头。

表 4.1　2014 年重庆五大功能区城镇化情况表

五大功能区	城镇化率(%)	比上年上升百分比(%)
都市功能核心区域	94.36	0.64
都市功能拓展区域	77.88	1.07
城市发展新区	54.86	1.36
渝东北生态涵养发展区域	41.8	1.36
渝东南生态保护发展区域	34.64	1.28

数据来源：重庆统计信息网

三、重庆城镇居民可支配收入增长情况

2006—2012 年间，重庆市城镇居民可支配收入保持持续上涨趋势，从 11 570 元上涨至 22 968 元（见图 4.5），涨幅达到 98.5%。而从 2006—2012 年重庆城镇居民可支配收涨幅入与消费价格涨幅的对比可看出每年重庆市城镇居民可支配收入的涨幅数值均大于消费价格涨幅数值。

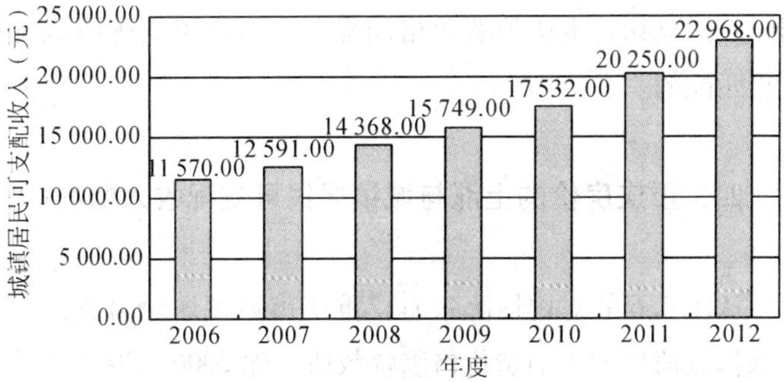

图 4.5　2006—2012 年重庆城镇居民可支配收入

数据来源：2010 年、2011 年重庆市国民经济和社会发展统计公报图

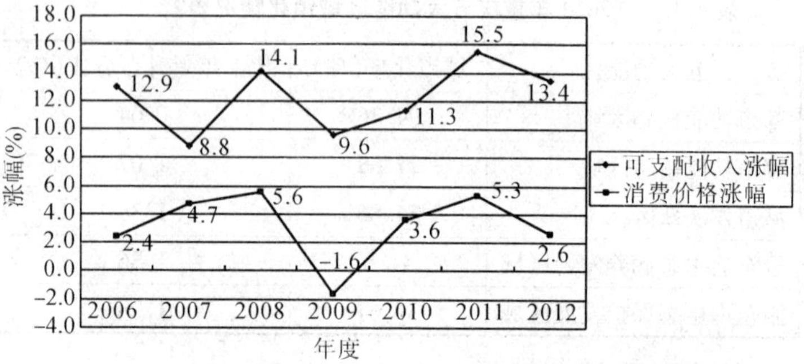

图 4.6　2006—2012 年重庆城镇居民可支配收入涨幅与消费价格涨幅的对比

数据来源：2010 年、2011 年重庆市国民经济和社会发展统计公报图

然而深层次分析二者之间涨幅数值的增长趋势（见图 4.6），特别是通过研究重庆市公租房开始推进实施的前后时间段（即 2006—2010 年阶段），不难发现：①2006—2007 年期间居民消费价格增幅呈上升趋势，而城镇居民可支配收入增幅呈下跌趋势，这意味着居民可支配收入的涨幅增长趋势未“跑赢”过居民消费价格的涨幅增长趋势。②2007—2009 年城镇居民可支配收入涨幅与消费价格增幅的增减趋势大致相同，这意味着重庆消费价格的涨幅与居民可支配收入涨幅是相匹配的。

四、重庆房价的上涨与城镇居民可支配收入情况

从图 4.6 的对比情况来看，重庆市城镇居民可支配收入的涨幅数值均大于消费价格涨幅数值，除 2006—2007 年外重庆消费价格的涨幅与居民可支配收入涨幅是相匹配的。为进一步发掘透视出问题，对 2006—2012 年对重庆市城镇居民可

支配收入涨幅与房价涨幅进行对比（见图4.7），可见重庆市住宅商品房房价涨幅围绕城镇居民可支配收入上下波动较大。

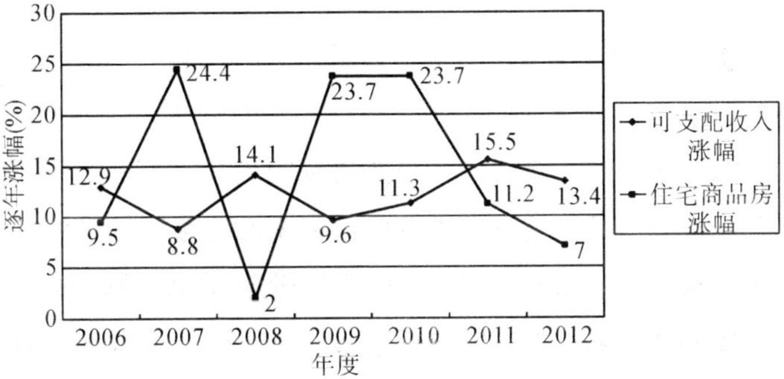

图4.7　2006—2012年重庆城镇居民可支配收入涨幅与房价涨幅的对比

数据来源：2010年、2011年重庆市国民经济和社会发展统计公报图

从总体涨幅情况来看，重庆住宅商品房房价的平均涨幅为14.5%，高于城镇居民可支配收入平均12.2%的涨幅2.3个百分点。其中有几个年度值得关注：①2007年住宅商品房涨幅呈现最高点24.4%，而此时城镇居民可支配收入涨幅反而呈现下降的趋势，2007年的数据显示房价增长超出了居民可支配收入的涨幅，居民受房价上涨压力凸显；②2008年由于受全球性宏观经济环境影响，重庆房价呈现2%的弱增长势头，但房价在2007年快速增长的基础上并未下跌。③由于中央政府2009年救市，2009年房价又呈现高增长，涨幅高达23.7%，2010年继续保持该高增长幅度。这两年重庆房价又呈现出一次爆炸式上扬，但城镇居民可支配收入增长幅度远远滞后于房价的增长幅度，城镇居民的购房压力增大。④2011年重庆房价上涨增幅开始低于城镇居民可支配收入上涨增幅3.3个百分点，2012年增幅继续下降。虽然增幅呈现

下降趋势，但是房价仍然属于上涨，且在 2009 年、2010 年房价高位基础上上涨，居民购房压力并未缓解。

五、小结

随着重庆的区划地位和经济地位的提高，重庆经济发展产生了质的飞跃，经济产业发展得到全面升级，经济的发展带来了城镇居民收入的增加、同时也带来了土地和房价的上涨。作为城镇化程度最低的直辖市，重庆城镇化发展具有不可忽视的潜力。然而，常住人口的增加、城镇化步伐的推进、市内外出至本市人口与市外外来人口的增加都将加大了住房需求，重庆住宅商品房房价增长幅度保持了高于全国增长幅度的水平，给市民带来了较大的住房压力。重庆公租房的建设基于此背景下实施，通过大力推进公租房的建设将会解决房价上涨带给夹心层的难以满足其住房需求的问题，同时一定程度上缓解了房地产市场供需矛盾，有利于解决民生问题、保障房地产市场的健康发展。

第二节　重庆公租房运营现状

一、重庆公租房运营模式

重庆市在公租房推进过程中属于“财大气粗”型，公租房在建设、产权及运营管理上始终坚持“公有”属性，不搞市场股权投资。重庆市采取的是政府作为唯一投资主体，财政投入发挥主导作用，由政府给予财政性投入和各项优惠政策。2010 年通过《重庆市公共租赁住房管理暂行办法》，提出公租房是由“政府投资并提供政策支持，限定套型面积和按优惠租金标准向符合条件的家庭供应的保障性住房”，明确了重庆市政府是重庆公租房的唯一投资主体。并确定了市级和区县级的行政管理部门和日常运营部门（见表 4.2）。

表 4.2　　重庆公租房管理部门及分工

类别		机构名称	职能
市级	行政管理	重庆国土资源和房屋管理局	牵头协调规划、计划、建设、管理和政策研究工作，对区县（自治县）公共租赁住房的管理工作进行指导、监督与检查
	日常运营	重庆公共租赁房管理局	组织主城区公共租赁住房申请对象的审核、建库、配租、租金收取和交易审核以及住房出售、回购管理工作；配合有关部门制定规划、计划、租金标准和住房销售价格；指导区县住房保障业务工作
区县	行政管理	区县国土资源和房屋管理部门	牵头协调规划、计划、建设、管理和政策研究工作
	日常运营	区县住房保障机构	负责区县公共租赁住房的监督管理，组织公共租赁住房申请对象的审核、建库、配租、租金收取和交易审核以及住房出售

由于公租房建设的推进离不开综合协调、土地供应、资金支持、拆迁维稳，2010 年 12 月，重庆政府成了公租房建

设指挥部，负责全市公租房规划建设、管理及重大工作的统筹、协调和指挥，市级相关部门、主城各区政府和有关单位为该指挥部成员（见图 4.8）。指挥部下设 4 个工作组：由市城乡建委牵头组建综合协调工作组，由市国土房管局牵头组建征地拆迁及管理工作组，由市国资委牵头组建资金筹措工作组，由市信访办牵头组建维护稳定工作组。重庆公租房在建设领域不搞市场股权投资，参与建设的都是大型国有企业：市地产集团、市城投公司、两江开投集团、西永微电园管委会、保税港区开发公司等单位组建了专门的公租房公司作为公租房的建设开发方，建工集团、中冶建工、重庆外建、中建二局、中建五局、中建七局等国有建筑企业作为公租房的承建方。

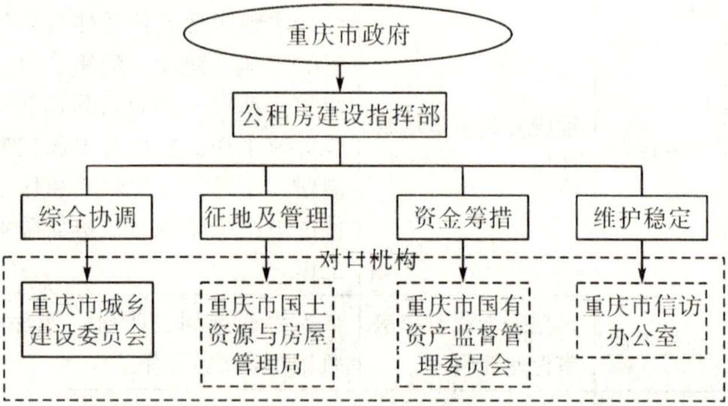

图 4.8　重庆公租房建设实施的管理机构分工情况

通过前述构架，最终形成了重庆公租房的运营模式——政府为唯一投资主体、国有的集团公司和区县政府性投资公司为建设主体，通过国有融资平台筹措建设资金、国有背景企业进行施工、公租房管理机构全程管理监督的模式，该模式的最大特点就是政府全面主导实施公租房建设、公租房的产权单一、社会力量参与度低。该模式具体表述如下：

①重庆市政府为公租房的唯一投资主体，以保证公租房产权的公有属性。

②重庆国土资源与管理局为公租房的行政管理主体，牵头公租房从计划到管理的全程工作实施。

③公租房建设指挥部会同相关政府职能部门负责公租房的建设相关工作。

④重庆地产集团负责提供储备土地，重庆国土资源与房屋管理局负责新增用地的征地及管理工作开展，以保障公租房用地来源。

⑤重庆市国有资产监督管理委员会负责构建投融资平台，通过国债、规费、土地、存量、税收“五个注入”，将零散、静态资产集中变为资本金，通过银行、债券、股市、信托、海外“五个市场”融资，放大国有资本。

⑥大型国有企业和区县政府性投资公司作为公租房开发建设主体（如重庆地产集团和城投公司）、有国有背景的施工企业作为施工主体（如重庆建工集团、重庆对外建设总公司等），投资建设主体拥有公租房的产权，但没有房屋租金的定价权和转让权。这种构架一方面有利于利用其已有国有融资平台，另一方面保证公租房产权仍在国有背景的建设方手中、以防止公租房资源流失。

⑦公租房管理局为日常运营机构，负责公租房的保障规划、政策制定、分配和监管工作。

二、资金来源情况

据重庆市相关报道，重庆市 4 000 万平方米公租房总投资约 1 100 亿元，资金筹措计划为分年投入 1 083. 98 亿元。其中：第 1 年投入 335. 35 亿元，第 2 年投入 364. 97 亿元，第 3 年投入 383. 66 亿元。为保证资金的筹集，重庆市充分利用的“8 大投”（见表 4. 3）中的相应平台来进行资金筹措。按照重庆市政府的测算，资金主要有以下来源：

表 4. 3　重庆“8 大投”及投资经营领域分工

序号	名称	投资经营领域
1	重庆市高速公路发展有限公司	重庆地区高速公路的融资投资和建设、管理
2	重庆市开发投资有限公司	城市轨道交通、地方铁路和城市基础设施的融资投资和建设、管理
3	重庆市地产集团	土地储备和整治及相关基础设施的融资投资和建设、管理
4	重庆市城市建设投资公司	市区道路和桥梁的融资投资和建设、运营
5	重庆市能源投资集团	电力、燃气和煤炭项目的融资投资及管理
6	重庆市交通旅游投资集团有限公司	旅游景点和相关基础设施的融资投资、开发、管理
7	重庆市水利投资（集团）有限公司	水利项目和小水电厂的投资建设以及给排水项目的投资管理
8	重庆市水务控股集团有限公司	给排水、污水处理项目的投资融资和建设、管理

1. 政府投入

大概300多亿元由政府投入。主要有：一是争取中央补助100亿元；二是在土地出让收益中提取5%和地方政府债券安排50亿元；三是地方财政预算安排150亿元。

2. 银行贷款

与商业项目一般不超过三年的贷款周期和高溢价相比，公租房对银行吸引力不大，工行、农行、中行、建行、交行出于维护地方政府关系考虑参与了重庆部分公租房融资（如华夏银行授信16亿元、交通银行授信19.8亿元、工商银行授信15亿元），但投入并不大，其他股份制银行的态度则更为消极。重庆公租房的融资高度依赖于国家开发银行的贷款，其贷款期限一般为10~13年，平均贷款期限为12年，贷款利率在基准利率基础上下浮10%。2010年重庆保障房项目获得银行贷款融资中，国开行与其他商业银行资金配比为9∶1。

3. 保险基金信托贷款

社保基金也是融资来源之一，如2011年全国社保基金理事会以信托产品形式为重庆市提供45亿元贷款，专项用于公租房建设。按照协议约定，国家开发银行为本次社保基金信托贷款提供担保，社保基金信托贷款到期时，国家开发银行通过发放银团贷款归还。同时，由重庆市城市建设投资（集团）有限公司为国家开发银行发放的银团贷款提供担保。

同时，重庆还进一步谋求与其他保险基金的合作，如与中国人寿签订了公租房项目合作协议，将投资重庆民生基础设施建设100亿元，其中60亿元用于公租房建设。

4. 信托基金

为拓宽资金来源，重庆也积极通过信托方式获取资金。

如：2011 年公租房信托“中航信托·天启 125 号重庆永川民生项目一期集合资金信托计划”（下称“天启 125 号”）资金募集到位，该信托由中航信托负责发行，规模为 4 亿元，期限三年。天启 125 号信托计划预期受益人的年化收益率为 9.2%，三年受益人收益率合计 27.6%。资金需求方支付的利率应大幅度高于该收益率，按照惯例政府利率相对其他企业来说利率要低一些，一般为 15%左右，加上中介服务费（该信托产品中介服务费用为 6.63%）后，该信托产品融资成本估计在 20%左右。由于目前国内信托产品的融资成本较高，重庆选择融资成本较高的信托产品作为融资来源之一，其实也是重庆为完成公租房建设任务的无奈之举，从融资成本考虑公租房建设资金不可能大规模通过信托方式获取。

5. 公积金贷款

作为国务院批准的首批 28 个住房公积金贷款支持保障房的试点城市之一，重庆有 6 个公租房项目列入住房公积金贷款支持试点。这 6 个项目投资合计 195.76 亿元，建设规模 732 万平方米。建设银行与重庆市公积金中心签订协议，承办了北部新区鸳鸯组团（民心佳园）公租房贷款权，合同金额为 8 亿元。截至 2011 年 12 月，重庆已将 30 亿元住房公积金贷款发放到 4 个公租房项目中。

6. 企业债券

除了前述资金来源渠道外，重庆市还利用构架的国有融资平台发行债券用于公租房建设。由于发行企业债融资最大的好处就是本金偿还期限长、利率比同期商业贷款融资利率低，因此投资企业债其风险也很低，收益比较稳定。2012 年

1~4 月期间重庆已发行债券 63 亿元，4 月重庆地产集团再次获得国家发展改革委批准，发行 50 亿元规模企业债券，它是当时全国规模最大的一支用于公租房建设的债券。该债券为 7 年期固定利率，票面利率 7.35%，是一只无担保高信用级别债券。募集资金将全部用于重庆九龙坡区华岩组团公共租赁住房和廉租房建设项目、北部新区大竹林组团公共租赁住房和配建廉租住房建设项目，以及鸳鸯组团公共租赁住房和配建廉租住房建设项目的建设。除此之外还有西永微电园、渝富集团等 15 家企业约 200 亿元企业债券等待国家发展改革委审批并陆续开始发行，其中约八成用于公租房建设。

三、重庆公租房供应情况

1. 基本供应思路

重庆公租房属于重庆住房供应“双轨制”的重要环节（见图 4.9）。重庆市政府对于重庆的整个住房供应采取两条腿走路的方式，即“保障性住房+商品房”。其中：收入属于中高收入的群体的住房自行由市场供应的商品房来解决，政府对于商品房的管控通过国家相关政策及当地的调控细则来实施；而针对收入属于中等偏下的群体，则纳入政府提供的公租房和棚户区、城中村改造的安置房保障中。黄奇帆在接受记者采访时明确提出“10%的高收入人群购买高档商品住房，60%的中等收入家庭用 6.5 年的收入能购买中小户型、中低价位商品住房，另外 30%即 150 万人由政府提供保障性住房”。在原采取的五种住房保障形式（廉租住房、经济适用住房、农民工公寓、工业园区工人新村以及危旧房、棚户区、“城中村”改造安置房）的基础上，新推出公共租赁住房，以解决不属于廉租住房保障对象、又暂时买不起商品房的“夹心人群”的住房困难问题。由于目前各地已开始反思经济适用房的弊病，各地已开始压缩经济适用房的建设量。重庆的保障房体系中，已将廉租房包含在公租房的住房体系中，廉租房人群和公租房人群共享同一社区。因此重庆公租房的供应实际上涵盖了绝大部分保障房的供应规模。

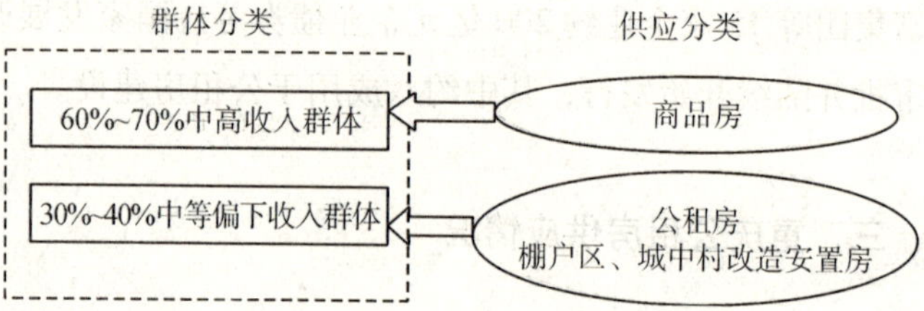

图 4.9　重庆住房供应“双轨制”示意图

2. 供给对象

重庆公共租赁住房在准入上不设户籍限制，保障主要对象为“3+1”群体：“3”即年满 18 周岁，有稳定工作和收入来源，具有租金支付能力，主要包括本市无住房或家庭人均住房建筑面积低于 13 平方米的住房困难家庭；大中专及职校毕业后新就业的无住房人员；进城务工及外地来渝工作的无住房人员。“1”则是指重庆市各级政府、企事业单位邀请来渝的特殊人才，以及省部级以上的劳动模范、争光贡献奖获得者、复转军人等。

2011 年重庆市对申请公租房的收入标准做了明确限定，单身人士月收入不高于 2 000 元，2 人家庭月收入不高于

3 000 元，超过 2 人的家庭人均月收入不高于 1 500 元。3 月 28 日，重庆市第一次公租房摇号，原计划准备投放 6.7 万套房屋用于摇号，在配租时申请时咨询的人数达 25 万人，但审核合格的申请人仅为 22 317 人，摇号时遇到了冷场。后来重庆市在原来颁布的公租房管理实施细则的基础上放宽了准入申请条件，公租房第二次公开摇号配租时放宽了公租房申请条件，取消申请人收入限制，“凡年满 18 周岁，在主城区工作的重庆市无住房或家庭人均住房建筑面积低于 13 平方米的住房困难家庭，大中专院校及职校毕业后就业人员及进城务工、外地来重庆主城区工作的无住房人员都可以申请公共租赁房。”同时，参加工作三年以内且没有住房的公务员，也列入了公租房申请人群。

3. 供给数量

由于需求量大，重庆是公租房建设供应量大的城市之一，其公租房建设从 2009 年就已计划。2009 年国家统计局重庆调查总队对主城区住房进行 1%的抽样调查结果显示，主城区常驻约 220 万城市家庭住房私有率达到 78%左右，约 20%左右的家庭是通过租房来解决住房问题。重庆市根据国务院批准的《重庆市城乡总体规划》2020 年常住人口要达到 1 000 万左右进行了数据测试：按照户均 2.5 人来计算大概有 400 万户家庭，如果 20%左右的家庭是要通过租赁住房来解决住房问题的话，这样大概就需要 80 万套住房来通过租赁解决住房问题，其中 13 万户可以通过廉租房解决，尚有剩余租房需求 67 万套。因此，重庆市政府于 2010 年发布了《关于加快发展公共租赁住房的指导意见》，计划自 2010 年开始的三年时间里，在重庆市的40个区县范围以内规划建设4 000万平方米的公共租赁房（其中有2千万是要在主城9个区的范围内规划建设），将向约250万中低收入人群提供67万套左右的公租房。实际执行情况是：2010—2012年年底，重庆公租房累计开工建设总量3 660万余平方米、近59万套，2013年开工1 204万平方米。

然而，作为直辖市的重庆发展速度快，人口增长超过了预期（按照《重庆市城乡总体规划》中2020年常住人口要达到1 000万左右）。2013年常住人口就达到了2 970万人，城镇人口1 732.76万人，属于全国超大城市之一，按重庆市住房供应“双轨制”计划，将计划为520万人提供保障性住房。公租房按照黄奇帆的提法“大体上直接覆盖居民群体的20%”，即347万人、约115万套。因此，虽然重庆市的公租房的供给数量位居全国前列，但对于快速增长的常住人口速度来说，要到达住房供应“双轨制”的相关指标尚有距离。

4. 选址情况

2009年年底重庆外环高速公路通车，主城进入“二环时代”。重庆按照“多中心组团式”结构和“产居结合、配套完善”的原则，以集中成片的规划居住布局为核心，2011年按组团规划了21个规模规模为20万~30万人的大型聚居区，这21个大型聚居区规划总建筑规模4.0亿平方米。其中：规划城市中心区、公交枢纽及轨道站点周边地块平均容积率4.0~5.0，临江靠山等景观风貌控制区域平均容积率1.0~2.0，其他区域容积率2.0~4.0。在这21个集聚区里，人的集聚和产业布局相结合，比如大学城集聚区和西永微电子园区，蔡家集聚区和水土工业园区，空港集聚区和空港保税区联在一起，尽量避免居民每天在居住地和工作地之间远距离“钟摆流动”。重庆内环由于土地面积有限且难以找到大规模修建公租房的用地，公租房修建成本太高，公租房在规划选址时也呼应了大型集聚区和产业布局的需求，选址分布于各聚居区内（见表4.4）。

表4.4　　重庆聚居区公租房安置人口情况

序号	聚居区	定位	规划面积及人口	轨道交通线路	公租房安置人口(万人)
1	歇马	以高品质居住、创意研发等为特色，为周边区域产业提供配套功能的休闲型聚居区	总用地面积约20平方千米，人口37万人。	6、7	5
2	大学城	集教育科研、商业商务、文化娱乐等城市功能于一体的文化聚居区	总用地面积约40平方千米，人口67万人。	1、13、17	9.5
3	西永	以高科技信息、高端生产服务业为主的综合性城市副中心	总用地面积约18平方千米，人口37万人	1、7、17	11.2
4	白市驿	为重庆高新技术产业开发区提供生活服务设施配套的聚居区	面积约22平方千米，人口50万人	7、12、17	—
5	陶家	以生产型商务和综合服务配套为主导的城市副中心和大型聚居区	16平方千米，人口32万人	5、7	4.4
6	西彭	具有商务、博览等城市功能，以铝产业基地从业人员为主的产业聚居区	约11平方千米，人口32万	5	4.4

表4.4(续)

序号	聚居区	定位	规划面积及人口	轨道交通线路	公租房安置人口(万人)
7	水土	主城北部为现代信息产业、医药制造等产业园区服务的休闲旅游生态聚居区	总用地面积17平方千米，人口32万	6、14、16	4.1
8	木耳	以生态居住及配套服务功能为主导的现代化、高品质的山水宜居新城	用地面积约12平方千米，人口32万	3.14	4.1
9	悦来	以国际会展、创新、生态为特色的高品质大型聚居区	约23平方千米，人口32万	6、9、10、14	—
10	翠云	以公共交通引导为发展模式的功能混合型生态聚居区	总用地面积10平方千米，人口25万	5、9、10	—
11	空港	集创智产业、商业商务、文化休闲功能于一体，为空港区域服务的聚居区	约9平方千米，人口20万	14	—
12	蔡家	集科技研发、总部经济等高端城市功能于一体的滨江生态大型聚居区	总面积38平方千米，人口52万	6、13、16	4.8
13	鸳鸯	以居住为主，兼有商业金融、商务办公功能的大型生活聚居区	用地面积15平方千米，人口36万	3、5、15	4.9
14	钓鱼嘴	以山水生态景观为特色，商务交流、高端居住、生态体育、国际化商务会议中心为主题的大型聚居区	面积19平方千米，人口42万	2、5	4.8
15	华岩	为周边现代工业区提供居住、商业金融、商务服务配套服务的复合型聚居区	总用地面积约9平方千米，人口28万	5	3.6

表4.4(续)

序号	聚居区	定位	规划面积及人口	轨道交通线路	公租房安置人口(万人)
16	龙洲湾	主城区南部城市副中心	用地面积24平方千米，人口46万	2、3	—
17	龙兴	主城东部槽谷的综合性城市副中心，为周边现代制造、研发创新产业园区服务的大型聚居区	用地面积27平方千米，人口46万	4、8、14、15	5.2
18	郭家沱	以生态旅游、度假休闲等为核心功能的，主要配套服务于龙盛产业片区的滨江聚居区	用地面积约8平方千米，人口21万	8	—
19	峡口	重庆经济技术开发区提供生活服务设施配套的滨江生态宜居聚居区	面积约19平方千米，人口36万	6、8	—
20	茶园	生态环境优美、城市功能完善的旅游生态型聚居区	面积约24平方千米，人口50万	6、8、12	9
21	鹿角	生态环境优美、城市功能完善的旅游生态型聚居区	总用地面积24平方千米，人口37万	6、8、12	6

数据来源：重庆公共租赁房信息网

5. 交通配套

由于上述聚居区内的公租房社区离市区中心有一定的距离，很多属于重庆内环以外或在内环边上，居民出行交通问题是首要考虑因素。重庆市借鉴了香港的TOD开发模式，即围绕着公共交通站点进行的比较密集的开发，进行城市综合体的开发。针对这些区域规划了轨道线经过，公租房社区的位置一般都选址在轨道线站点周边，离站点基本控制在

10~15 分钟左右。同时还优化干路网规划，尽量设置了高密度的普遍公交线路支撑，期望通过更加长的地面公交以及较大覆盖密度来保证公共交通的支撑，其中绕城高速公路全场大概 187 千米长，基本涵盖了主城区的各个大的组团，将 21 个大型聚居区都有机的串联起来。目前公租房选址好、交通配套比较完善的以鸳鸯公租房为代表，它位于内环边上，距轨道三号线童家院子站最近的距离有 500 米左右，步行七八分钟即到达，另外还开设了 11 条公交线路。

6. 规划情况

从基本规划指标方面看，21 个大型聚居区内公租房的容积率一般都控制在 3.5~4，建筑密度低于 35%，绿地率大于 30%，公建的配置标准为按建筑面积的 10%左右配置公建。同时对于建筑的限高和建筑的造型也有一定要求，一般为高层电梯房。

在配套设施方面，为给住户提供完备的生活游乐的空间，重庆市政府公众信息网发布《重庆市人民政府关于加快公租房配套商业发展的指导意见》，要求公租房配套商业设施要纳入城市建设总体规划和控制性详细规划，并与城市商业网点规划相互衔接，与住宅和其他公共设施同步规划、设计、建设和验收。公租房社区要优先配置综合超市、标准化菜市场（生鲜超市、社区菜店）、便利店、餐饮店、洗衣店、家电维修、金融邮政等必备型商业业态和代收代缴、配送、订购、刷卡支付等便民服务项目，特别是注重发展直供直销的生鲜零售网点，满足居民日常基本生活需求；同时，期望通过引导配置专业（专卖）店、通信、花店、文化娱乐等选择型商业业态，形成以社区购物中心、社区生活馆为支撑的社区商业集聚区，实现“一站式”综合购物消费，满足居民多样化、多层次消费需求。除此之外，对于停车位也进行了相应的规定：停车位按照每300平方米建筑面积配建一个车位的标准进行控制。

在户型设计方面，为了适合不同的居住人群使用，重庆市对公租房设置了多种户型建筑面积（见图4.10）：从35平方米到80平方米不等，户型配比为单间配套（30~35平方米）占20%左右、一室一厅（35~50平方米）占45%左右、二室一厅（50~60平方米）占20%左右、二室一厅（60~70平方米）占10%左右、三室一厅（70~80平方米）占5%左右。一室一厅大约占了总户数的近一半。

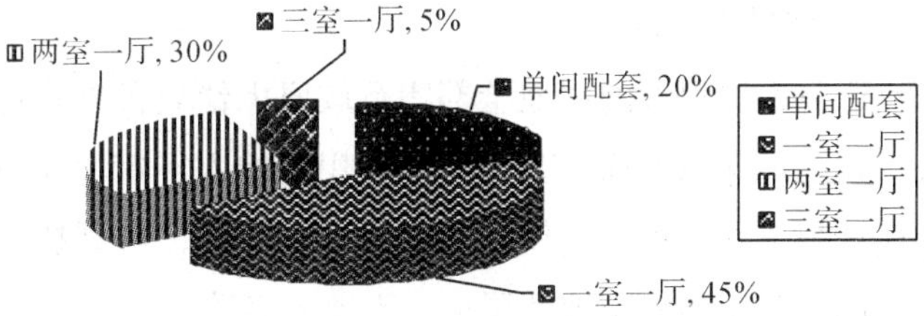

图4.10　重庆公租房户型比例构成

7. 设计及装修标准

重庆市专门制定了《公租房设计标准》，主要包括环境景观、建筑、结构、机电设备、节能、装饰装修等内容，通过合理选择实用的建设技术和建筑材料，以达到节地、节能、节水、节材和环境保护的要求。该标准为重庆公租房建设提供了统一的设计标准，对确保公租房项目工程的设计质量和设计效率、提升居住品质起到重要作用。

重庆市还出台了有关成品住宅装修工程技术规程和成品住宅装修工程质量验收规范，为公租房装修的设计、施工、监理以及验收等提供了系统的技术支撑，交房时按重庆装修设计标准装修后交房：统一安装防盗门；客厅及卧室地面采用玻化砖，墙面、天棚刷乳胶漆。厨房、卫生间地面、墙面均采用防滑地砖、墙砖、天棚采用塑钢扣板；卫生间安装吸顶灯、换气扇、蹲便器、成品立柱盆，厨房安装吸顶灯、抽油烟机、成品橱柜、淘菜单盆。承租人只需自己配上家具、电器等即可直接入住，基本达到中档商品房的居住标准。

四、重庆公租房投入情况

1. 土地投入情况

重庆公租房建设的用地全部实行政府无偿划拨方式进行供应。在土地保障方面，公租房建设用地纳入了年度建设用地供应计划，在申报年度用地指标时单独列出，以划拨方式供应，同时免征城镇土地使用税、土地增值税。

重庆作为新建直辖市且兼具全国统筹城乡综合配套改革试验区身份，城区周围有大量宅基地资源，并出台有宅基地转换的特殊政策：农民在城市中有了固定工作后，通过租住公租房变成城市人，而政府再将其宅基地进行转换开发。同时，重庆市的土地储备政策也有利于提供公租房建设用地，2002 年开始，重庆市成立了土地整治储备中心。2003 年在其基础上成立重庆地产集团，由市政府注资，建立了政府主导型的土地储备供应机制。重庆通过工业结构调整、老厂搬迁、院校置换、旧城拆迁、征用农村集体土地等方法，已经储备了10多万亩土地。这些土地以主城区为中心向周边地区辐射，包括主城区、城市重点拓展区、后中心区等，涵盖了各等级地段。这些土地储备为公租房建设提供了保障，也是政府提供公租房划拨用地的重要来源。

表4.5　2008—2011年重庆商业及住宅土地成交价格

年度	2008	2009	2010	2011
成交金额（亿元）	99	415	504	541
楼面均价（元/平方米）	999	1 736	2 200	2 824
土地均价（万元/亩）	195	346	320	454

数据来源：重庆土地交易中心

据相关资料显示，重庆主城区公租房需要划拨30 000亩用于已开工及后期项目建设。重庆市官方数据按每亩200万元估算，土地总价为600亿元。然而，从机会成本的角度来看，重庆市公租房的土地投入还应考虑机会成本。根据重庆市2010—2012年房地产相关土地成交价显示（表4.5），2010年主城商业及住宅用地成交均价为320万元/亩、2011年主城商业及住宅土地成交平均地价为454万元/亩，这显示重庆商业及住宅土地的实际成交价格远远高于官方公布的200万元/亩。考虑到重庆市公租房4 000万平方米主要是在2010—2013年期间实施，因此取中间时段即2011年地价进行估算，30 000亩土地的地价为1 362亿元，由于土地是政府无偿划拨，因此造成了因划拨而不能进行招拍挂出让的机会成本，762（1 362-600=762）亿元即为公租房的机会成本投入。

因此，重庆公租房的土地投入=官方数据投入+机会成本投入，总计 1 362 亿元的土地投入。

2. 建设投入

重庆公租房的容积率为 3. 5~4，建筑密度低于 35%，绿地率大于 30%，建筑形式一般为高层电梯房。装修标准达到拎包入住标准，其规划配套标准和土建安装标准都与商品房差距不大。

21 个大型聚居区内公租房的容积率一般都控制在 3. 5~4，公建的配置标准为按建筑面积的 10%左右配置公建。同时对于建筑的限高和建筑的造型也有一定要求，一般为高层电梯房。考虑到人工和建材成本上涨因素，普通商品房因修建标准不同，其建安成本+其他配套设施建设成本在 2010—2011 年大约为 2 300~3 000 元/平方米。重庆公租房因建设标准较高，建设成本约为 2 500~2 700 元/平方米左右，以鸳鸯公租房项目“民心佳园”为例，其结算价格约为 2 600 元/平方米。若 2011 年按此结算价格估计，以后每年人工建材成本按 5%上涨考虑、每年结算面积按 1 000 万平方米估算，则公租房建设投入为：

2 600×1 000+2 600×(1+5%)×1 000+2 600×(1+10%)×1 000+2 600×(1+15%)×1 000 = 260+273+286+299 = 1 118（亿元）。

由于重庆公租房免征城市建设配套费等行政事业收费和政府性基金，同时对于租售也免征营业税和房产税，因此存在机会成本（由于修建公租房而不能像修建商品房可以征收城市建设配套费等行政性收费以及相关税费的机会成本）。

仅城市配套费一项费用就达到 190 元/平方米×4 000 万平方米=76 亿元，如将所有税费计入，估计产生的机会成本将超过 230 亿元。

3. 融资成本投入

重庆公租房建设除了政府投入外，计划大部分通过银行贷款、信托、企业债券、保险基金、公积金贷款等方式进行融资，而在前期实际运作中，银行贷款为融资方式的主要资金来源。通过表 4.6 可见，融资成本相对低的为公积金贷款、企业债券和银行贷款；而信托基金贷款和保险基金信托贷款利率偏高，加上管理费用等，资金成本往往达到 20%、甚至更多，这会加大财政压力。由于公租房租金低于市场租金，融资成本过大对于参建公租房的国有融资平台的良性运作也存在考验，故只能作为公租房实施前期为保障建设规模的权益之举。目前重庆市公租房建设一直处于持续推进阶段，后续资金将继续通过各种来源进行投入，在投入中，资金成本将会是政府考虑的重点。

表 4.6　　重庆公租房资金筹集方式及资金成本

类别	资金成本	备注
银行贷款	贷款利率在基准利率基础上下浮 10%，2011 年 5 年以上银行贷款利率为 7.05%	为主要融资来源 2013 年 8 月前银行贷款 302 亿元
保险基金信托贷款	政府项目利率一般为 15%左右，信托管理费用为 2%左右，加上其他费用等一般为 20%左右	2011 年贷款社保基金信托贷款 45 亿元
信托基金贷款	政府项目利率一般为 15%左右，中介服务费一般为 6%~8%	数据不详

表4.6(续)

类别	资金成本	备注
公积金贷款	参照个人公积金贷款，按4%估计	2011年12月前贷款30亿元
企业债券	重庆公租房债券信用级别为AA+，2011年利率区间为5.83%~8.90%	2012年4月发行债券50亿元

五、重庆公租房收益情况

重庆市公租房收益主要来源于以下几个方面：公租房租金+商业配套销售收入+5年后出售公租房收入。其中公租房租金收入包括公共租赁住房住宅和非住宅（含商业用房、车库及其他设施等）租金，按规定加倍收取的租金、租金滞纳金等。租金收入专项用于公租房建设贷款本息偿还和公租房的维护管理等支出。

目前，重庆公租房主要为住宅租金和商业租金。住宅的租金为8~11元/平方米。除此之外考虑到住宅空置情况不可避免，政府在公租房社区按总面积的10%配建商业门面用于出租，以便增加公租房的租金收入来源。2012年公租房小区商业设施的月租金平均约为30元/平方米，最高的达到80~100元，租金水平最低的是三楼的部分商业设施，每月租金仅8元/平方米。租金缴纳则实行“押二付三”（即2个月的押金加3个月的租金）。若按前述数据，不考虑空租率情况下，住宅租金年收入将达到48亿元，商业设施年租金为14.4亿元，合计62.4亿元。然而，实际公租房出租不可能达到满租的情况，因此该金额应下浮。据市公租房管理局提供的数据，截至 2013 年 5 月底应收总租金将近 11 亿元，加上预收部分实收总金额超过 11 亿元。

另外，公租房社区还设有停车库，停车租金收入也是其收益来源之一。目前重庆公租房车库的收费标准为：摩托车 70 元/月、小车 300 元/月。该部分收入目前占收入的比例小，其中很大一部分用于车库自身的维护及运营。

由于首批入住的居民居住尚不足 5 年，目前尚无公租房销售收入。重庆公租房采取的是政府作为唯一投资主体进行建设，财政投入毕竟有限，建设资金大多通过银行贷款等相关渠道融资所得，故存在着一定年限后的还款问题。如果重庆公租房不采取销售方式则还款来源没有保障，融资还款保障问题必然会使得相关金融机构难以参与到公租房建设中。因此，重庆市政府在开始就规划了入住 5 年后公租房可以销售、用收入用来偿还贷款本息的思路。对满 5 年后符合条件的租户可以采取“原价+利息”的政策购入公租房。由于首批租户 2011 年才入住，承租时间均未达 5 年，重庆尚无更具体的出售政策出台，仅计划按 1/3 的比例进行出售，估计住房部分收益将达到 400 亿元、商业部分收益将达到 400 亿元。预计通过这种出售公租房的策略可以加快资金回收，保障融资还款来源。

六、重庆公租房租赁情况

重庆公租房的租赁分为两种情况——首次配租和换租，

具体情况见表 4.7。

表 4.7　　重庆公租房资金配租情况

年度	第几次	配租数量	配租人员构成	配租房源小区
2011	第 1~3 次	配租 5.4 万套	—	—
	第 4 次	配租 2.7 万套	住房困难家庭 31%，进城务工人员 47%，大中专毕业新就业和外地来主城工作人员 22%	民心佳园、康庄美地、康居西城、民安华福、两江民居、城南家园，4 种户型
2012	第 5 次	配租 21 789 套	住房困难家庭 30%，进城务工人员 49%，大中专毕业新就业和外地来主城工作人员 21%。	城南家园、康居西城、民安华福、两江民居
	第 6 次	配租 17 733 套	住房困难家庭 29%，进城务工人员 50%，大中专毕业新就业和外地来主城工作人员 21%	民安华福、两江民居、康居西城、城南家园。4 种户型
2013	第 7 次	配租 23 714 套	住房困难家庭 30%，进城务工人员和外地来主城工作人员 65%，大中专毕业新就业人员占 5%	两江名居、康居西城、民心佳园、康庄美地、民安华福、城南家园，4 种户型齐全
	第 8 次	3 915 户换租，9 258 户配租	住房困难家庭 29.6%，进城务工人员 46.6%，大中专毕业新就业和外地来主城工作人员 23.8%	民心佳园、民安华福、两江民居、康庄美地、康居西城、城南家园（民心佳园仅为单间配套户型，康庄美地、城南家园、民安华福为单间配套和一室一厅户型）

表4.7(续)

年度	第几次	配租数量	配租人员构成	配租房源小区
2014	第9次	配租 10 941套	住房困难家庭28%，进城务工人员48%，大中专毕业新就业和外地来主城工作人员24%	民心佳园、康庄美地、城南家园、民安华福、两江民居、康居西城
	第10次	配租 27 490套	无资料显示	云篆山水、城西家园4种户型齐全；民心佳园、康庄美地、城南家园、民安华福、康居西城、两江民居。户型为单间配套和一室一厅

数据来源：重庆公共租赁房信息网

配租情况。截至2014年12月底，重庆市已经通过公开摇号方式进行了10次配租，配租家庭总数已经达到了193 165户，共计约40万人。其中，2011年首次摇号配租房源共15 281套，审核合格的申请人为22 317人，房源与申请人的配租比例是1∶1.46；第10次摇号配租比例为1∶2.52，每100位申请人中有39人能成功配租。根据有官方数据的第4、5、6、8、9次公布配租人员构成情况统计后，配租人员构成中主城户籍住房困难家庭约为29.8%左右、重庆市进城务工人员约为48.4%、大中专毕业新就业和外地来主城工作人员为22.1%。重庆在公租房配租时，配租面积要求对应家庭人口数，家庭人口数不大于2人的选择建筑面积40平方米公租房，家庭人口数不大于3人的选择建筑面积60平方米以下公租房，家庭人口数不低于4人的选择建筑面积80平方米以内公租房。从配租情况来看，配租时两室一厅、三室一厅往往首先完成配租，其次是单间配套。

换租情况。换租分为“可以换租”和“应当换租”两类。租赁期间，因结婚、生育、与父母合住等原因使得承租人数增加的，可以向小区房管中心申请换租户型；因承租人数减少不再符合配租户型标准的，要求在承租人数减少的次月向小区房管中心申请换租户型。在第 8 次配租时，重庆开始组织实施换租：因承租人数减少应“大换小”，有 51 户因此情况或其他个人意愿，提出了三室一厅换两室一厅、换一室一厅和两室一厅换一室一厅、换单间配套等申请。在“小换大”的条件中，与父母同住致居住人数增加的需求占第一位，约占换租申请人数的 40%。其他的是因结婚、生育等致承租人数增加的换租申请者。在第 10 次摇号配租时，除云篆山水和城西家园两个公租房小区为首次配租房源，民心佳园、康庄美地、城南家园、民安华福、康居西城、两江民居 6 个房源均为腾退房源，户型为单间配套和一室一厅。

七、重庆公租房监管情况

重庆公共租赁房管理局负责或组织对承租或购买公共租赁住房人员合同履行的情况进行监督检查。主要检查内容为：承租人收入及住房情况、审核承租人每两年申报的收入及住房情况、公租房是否有出租或转租情况、租户是否按市缴纳租金等费用、承租房屋是否按约定用途使用、承租人是否空置房屋、是否改变房屋结构、是否从事违法活动等。同时，对于公租房社区进行管理，引导服务网点的设置，组织设置相应的社区活动机构等。

目前对于承租人收入和住房情况的监管主要是通过承租人每两年的自行申报进行审核，同时也接受相关举报和投诉。由于承租人数量众多，公租房管理机构人员有限，故目前在此方面监管力度有限。

对于房屋使用转租出借情况的监管，往往通过外聘的房屋管理员来负责。公共租赁房管理局要求社区采取百分之百全面走访的方式，入户核对入住情况。但由于每家每户地核查转租情况实际操作起来有困难，且转租情况难以界定，目前主要是以接到举报立马核查的方式来进行监管的。为鼓励举报，建立了有奖举报机制，对于举报属实的情况予以奖励。另外还建立了网上巡逻队，在网站论坛发现公租房的转租信息立即进行查处。

对公租房空置现象的监管。根据调查显示，17.55%的受访市民认为重庆公租房空置现象严重，43.8%的受访市民认为重庆公租房转租现象严重[①]。目前有两种情况造成公租房空置：一种是人为情况，一种是客观因素变化情况。第一种情况的主要原因是租户租用公租房不是为了解决住房困难问题，而是期望租用5年后购买产权。按重庆市相关文件规定在租赁5年期满后，符合条件的承租人可以按以综合造价为基准确定的价格购买产权。由于公租房售价远低于商品房，有些租户为了购买后期产权，交着租金和物管费但却不入住；第二种情况是一些租住户的收入提高、工作变动、住房情况

① 胡万达. 41.62%的受访市民认为重庆应修建更多公租房［N］. 重庆青年报，2014-06-07.

发生了改变等原因而将房屋空出来不再租住、却没有向主管部门申请腾退房屋。以两江名居为例，2014 年上半年两江名居公租房小区入住约 10 700 户，未入住房屋约 6 000 套，未入住房屋中多数是单间配套的户型，空置原因很多就是前述原因，这可作为佐证。对于空置房屋的监管，重庆计划采取智能化门锁来进行解决，以对于空置的房屋提高配租效率。

对于租金收缴的监管方面，重庆市财政局发布的数据显示，截至 2014 年 2 月份，重庆市公租房累计收租 8.63 亿元，收缴率达 99.8%。2014 年 6 月共 202 户欠租六个月以上的住户已经被清退，租金的追收工作通过法律诉讼的渠道进行。管理机构及时将此类情况通过报纸或网站进行发布，以警戒后来者。而从租金收缴的情况来看实施效果还是不错的。

针对公租房管理中出现的欠费、转租、空置等问题的监管力度，2014 年 3 月南岸区拟在城南家园公租房小区试点推行智能锁管理，通过屏幕显示提醒承租人按时缴纳房租等费用，如果提醒三次以上承租人仍然欠费，就可以通过后台控制将房门上锁。同时，这种智能锁还将采用指纹开锁的方法，防止转租、长期空置等问题，避免公租房资源的浪费。2014 年 7 月在推行论证过程中，政府考虑到按照主城区 60 万套公租房一次性安装智能锁将投入 15 亿元，相当于再修建一个约 50 万平方米规模（1 万套房源）的公租房项目，另外还存在维护维修成本，认为其管理作用和管理效益有限、经济性较低，故未在公租房社区进行推行。对于公租房出现的欠费、转租和空置问题，仍继续按照已有治理措施和政策规定进行监管。

八、重庆公租房社区建设情况

1. 商业配套建设

重庆公租房社区的商业配套建设主要是由建设方和公租房管理局来进行推进的。重庆公租房在规划的时候都配置了建筑规模10%左右的商业配套用房，为使这些商业配套用房能够引入商家真正满足公租房租户的生活需求，公租房建设方实施了商业配套招商工作。采取的方式分为两类招商方式：①公开竞价；②带经营条件竞谈。有的社区在规划阶段就开始与商家接洽，按照商家要求预留相应的物业配套项目。由于早期的公租房小区商业布点过于分散，业态分布较为混乱。随着入住率不断攀升，占道经营的情况普遍存在。为管理增大了难度，2013 年 5 月重庆市政府专门出台了《关于加快公租房配套商业发展的指导意见》，计划用 5 年时间，把成片建设的公租房区域基本建成布局合理化、发展连锁化、经营规范化、消费便利化的公租房社区便民商圈，以满足居民日常生活消费需求。

2014 年重庆城投集团开始在主城的 11 个公租房项目打造统一的商业品牌，即城投商街。按照目前全国通用的“28 个业态配套包”来布局，在二环区域内形成临街、组团、大型综合体等商业形态，为公租房和周边区域的居民提供多样化、多层次、复合型的物质、文化、休闲、娱乐等一体化生活配套服务。为防止“商气”与“人气”不同步的情况，将对部分大型商贸流通企业实施“免租”政策，对于在填补

“便民业态”空白方面有突出贡献的商家，还可获得一定的财政补贴。招商方式分为三种：定向竞谈、带经营条件竞谈和公开竞标。定向竞谈对商家门槛要求较高，其业态必须是有决定性影响的大型综合或专业卖场（含农贸市场）、金融、通讯、影院、酒店、医院、大型餐饮、休闲娱乐、品牌专卖店、文化教育等业态。带经营条件竞谈要求商家的商业品牌对区域商业发展有一定带动作用，具体业态为生活超市（含便利店）、药房、家居家具卖场、中型餐饮、中型休闲娱乐等。公开竞标则针对经营进入门槛低、资金需求较小的商家，如烟酒店、五金日杂、小型餐饮、棋牌室、鲜花店等社区配套商业。重庆城投集团还打算发放“城投商街”购物卡，公租房小区承租户持卡在商街的商铺购物都能享受优惠，而且没有小区的限制。

2014 年 9 月，重庆市公共住房管理局和商委共同启动了《重庆市主城区公租房配套商业规划（2014—2020）》的编制。期望从项目商业定位、商业规模、形态模式、商业业态、网店布局、交通、物业条件和主题文化等方面，研究出公租房小区商业规划的基本规律，为新建、已建及在建公租房的商业配套提供重要参考。同时在公租房小区的商业配套中将引入 OTO（从线上到线下）电子商务企业。小区居民可以实现线上购物、线下小区实体店取货的便捷购物体验。

2. 社区管理分工与网格化建设

重庆公租房管理局会同属地政府对社区管理机制进行一定程度分工，采用小区管理（即封闭组团内的专属管理）和社区管理（即小区组团外的社会事务管理）相结合的模式，对整个公租房社区实施管理。

重庆市公租房管理局联手属地政府组建社区管理委员会，并整合属地有关部门和驻小区单位力量，发挥社区居委会、承租户委员会、楼栋长、社区志愿者等基层自治组织的作用，形成“横向到边、纵向到底”的社区网格化管理。在已入住的“民心佳园”“康庄美地”等公租房社区里，充分发挥社区居委会、承租户委员会、信息员、社区志愿者等自治组织的作用，实现信息的沟通和共享。并通过家访的方式发放居民联系卡和了解家庭成员结构、爱好等基本情况，便于后期管理。

3. 便民服务工作建设

推进组织实施便民服务的单位为设置在各个公租房社区的居委会和重庆市公租房管理局。公租房小区住户的孩子可以在承租小区就近入读、入托，没有户口限制，截至 2014 年 9 月主城 6 个公租房小区已有 7 所小学，8 000 多名小学生实现了就近入学。同时积极发挥居委会的作用，召集青年志愿者对儿童进行功课辅导等活动，如两江民居居委会设立了四点半学校，由青年志愿者帮助辖区儿童辅导功课、开展兴趣小组活动等，直到家长把小孩接回家。

居委会还针对孤寡老人、残疾人等特殊人群成立爱心呼唤站，在特殊人群床头安装呼叫装置，该装置在周边一定的范围安装覆盖。当人们有困难时一按它就有志愿者上门帮助，而每个志愿者负责数个呼唤铃。另外还开展“一对一”帮扶困难人群。

为丰富公租房社区文化活动，重庆公共租赁房管理局启动社区邻里节，开展了重阳、中秋群众文娱及慰问活动，引导每个公租房小区的群众自发建立旅游、健身、文艺等“业缘”“趣缘”团体。并在小区设置运动健身器材，同时开办“市民学校”多期。

另外公租房管理局还与银行联合推出公租房租户专有银行卡，免收的费用包括年费、每月首笔跨行 ATM 取款手续费、银信通手续费、书面挂失手续费、存款证明手续费。同时在多处设置自动缴费机，便于租户轻松缴费。

4. 创业、就业、经营扶持政策

重庆市对吸纳下岗职工的公租房配套商业网点给予相应的扶持政策：规定在 3 年内按实际招用人数予以定额依次扣减营业税、城市维护建设税、教育附加和企业所得税，定额标准为每人每年 4 800 元。而对于成功创办微型企业且符合就业和再就业政策规定的各类失业人员、未就业高校毕业生、农民工，按规定享受就业和再就业优惠政策。

另外，重庆市还提出对入驻初期经营困难的必备型商业业态连锁网点给予税收减免、资金支持等扶持政策。

5. 社区治安协同管理

由于重庆公租房社区规模较大，入住人员结构复杂（以民心佳园社区民警所作的排查为例，从核查人员 30 280 人中就摸排出前科人员 188 名，其中吸贩毒人员 80 名），这些都不利于公安机关掌握情况和开展管控工作。同时由于新建社区基层组织没有成熟社区健全，加上入住人群中除了夹心层和中低收入人群外，还有廉租房住户，使得公租房社区成为治安形势较复杂的人口聚集区。

根据《重庆市公共租赁住房管理实施细则》要求，由公租房所在地街道办事处组建由社区居委会、房屋管理机构、派出所、物业服务公司、住户代表组成小区管理委员会，负责小区社会管理工作。而在实际操作过程中，各社区整合房屋管理机构、物业公司、街道居委会、警务室四支力量进行小区内的协同管理。具体管理办法为：将所有住户纳入实有人口登记数据采集中，并建立了小区治安管理档案；除物业服务公司的保安进行社区巡逻外，还组建义务巡逻队等，由社区民警和文职人员带队在社区开展巡逻。另外，社区民警还利用社区 QQ 群和手机短信群发系统及时发布各种信息和预防犯罪方法，以增强租户自防能力；在公租房社区设置监控镜头，通过监控预防措施增加管理的科技含量。

第三节　影响重庆公租房可持续发展的瓶颈分析

一、影响公租房可持续供应的瓶颈

重庆的公租房实施力度一直走在全国的前列，自 2010 年至 2012 年年底，重庆市 3 年多来公租房累计开工建设总量 3 660 万余平方米、近 59 万套，2013 年度开工 1 204 万平方米。要保持这种良好的供应态势，就必须解决公租房的资金和实物来源问题，而对现有公租房运营中的投入、收益、投资主体及监管等现状的分析将有助于深层次剖析重庆公租房未来供应中存在的瓶颈问题。

1. 投入压力大

重庆公租房直接投入主要由土地投入、建设投入和融资成本支出三部分组成，另外还包括土地投入的机会成本和政府免收规费的机会成本。具体分析如下：

（1）土地直接投入：目前重庆市采取由政府免费划拨公租房用地。按重庆建设公租房规模 4 000 万平方米估算，土地估计需要划拨 30 000 亩，暂按重庆市政府官方数据每亩 200 万元计算，土地价格为 600 亿元。然而，从机会成本的角度来看，重庆市土地投入还存在机会成本。

（2）建设投入估算：重庆公租房规划控制容积率 3.5~4、绿化率达 35%左右、公建配置的建筑面积达 10%、装修标准达拎包入住标准。其规划配套标准和土建安装标准都与很多商品房差距不太大，目前考虑到人工和建材上涨因素，普通商品房因修建标准不同，其建安成本+其他配套设施建设成本约为 2 300~3 000 元/平方米左右；重庆公租房因建设标准较高，建设总成本约为 2 500~2 700 元/平方米左右（以民心佳园为例，其结算价格约为 2 600 元/平方米），可见规划和建设标准的提高也造成了建设成本相应增加，政府投入实质增大。若按此结算价格估计，以后每年人工建材成本按 5%上涨考虑、每年结算面积按 1 000 万平方米估算（共 4 年），则公租房建设投入为 1 118 亿元。

（3）融资成本支出：重庆公租房建设出政府投入外，通过银行贷款、信托、企业债券、保险基金、公积金贷款等方式进行融资，而在前期实际运作中，银行贷款为融资方式的主要资金来源。银行贷款的融资成本相对较低，而信托方式融资成本较高。本书按融资成本较低的银行贷款来估算重庆公租房的融资成本，重庆公租房 4 000 万平方米公租房建设成本 1 118 亿元按商业银行贷款 5 年以上贷款利率 7.05%计算（暂不考虑上浮），每年利息为 78.82 亿元，尚不考虑获取贷款的其他收费。针对公租房贷款利息，重庆市政府拟通过每年公租房租金收入来进行平衡。

（4）土地机会成本：由于重庆公租房选址地段相对其他城市较好，土地价值高（市场价值超出政府官方数据），政府对公租房是实行无偿划拨，因此造成了因划拨不能进行招拍挂出让的机会成本。据重庆市 2018—2011 年房地产相关土地成交价格显示：2011 年主城土地成交平均地价为 454 万元/亩、2010 年主城土地成交平均地价为 320 万元/亩，2009 年为 346 万元，远远高于政府公布的公租房 200 万元/亩的地价。若按这三年的平均地价 373 万元/亩计算，政府因公租房土地无偿划拨减少的土地收益就达到 1 119 亿元。重庆市公租房 4 000 万平方米主要是在 2010—2013 年期间实施，因此取中间时段即 2011 年地价进行估算，30 000 亩土地的地价为 1 362 亿元，由于土地是政府无偿划拨，因此造成了因划拨而不能进行招拍挂出让的机会成本，762（1 362-600）亿元即为除政府官方估算数据外的公租房的其他机会成本投入。可见，政府除了土地直接投入量大，实际也存在因土地投入而产生机会成本高的情况。

（5）政府免收规费的机会成本

由于重庆公租房免征城市建设配套费等行政事业收费和

政府性基金，同时对于租售也免征营业税和房产税，因此也存在由于修建公租房而不能像修建商品房那样可以征收城市建设配套费等行政性收费以及相关税费的机会成本。仅城市配套费一项费用就达到 190 元/平方米×4 000 万平方米 = 76 亿元，如将所有税费计入，估计产生的机会成本将超过 230 亿元，重庆公租房投入情况见表 4.8。

表 4.8 重庆公租房投入情况

序号	项　目	说　明	金　额
1	土地直接投入	3 000 亩划拨用地，成本 200 万元/亩	600 亿元
2	建设投入	建设总成本约为 2 500~2 700 元/平方米左右，按 2 600 元/平方米估算，每年人工建材成本按 5%上涨考虑、每年结算面积按 1 000 万平方米估算（共 4 年）	1 118 亿元
3	融资成本支出	1 118 亿元按商业银行贷款 5 年以上贷款利率 7.05% 计算（暂不考虑上浮）	每年利息为 78.82 亿元
4	土地机会成本	按平均地价（373－200）万元/亩，共 30 000 亩	762 亿元
5	免收规费的机会成本	免征城市建设配套费等行政事业收费和政府性基金，同时对于租售也免征营业税和房产税	不低于 230 亿元

问题的提出：根据前述估算，完成 4 000 万平方米公租房直接投入达 1 718 亿元（尚不考虑土地市场价值与官方估计数据的差距、融资成本支出）。按每年建设 1 000 万平方米计算，则每年需要投入资金约 430 亿元。可见重庆公租房开

发量大、规划建设标准高将使得每年的公租房资金投放总量增加，同时政府放弃了将土地作为商品房开发用地带来的更多收益，资金压力不可避免会凸显。

2. 收益低于预期

为解决财政投入量大的问题，重庆市政府计划通过三个方面的途径还本付息，即收取租金平衡利息、商业配套和公租房 5 年后出售所得收入偿还本息。而实际是否能够如政府预期一样能够偿还本息，现作如下分析：

（1）住宅租金收入：目前，重庆公租房租金标准为 9~11 元/平方米，按平均价格 10 元/平方米估算，2012 年年底按完工面积 3 660 万平方米估计、月租金按平均 10 元/平方米计算，年租金收入估算为 43.9 亿元（即使按 4 000 万平方米估计，年租金总额也仅为 48 亿元），而实际公租房出租不可能达到满租即 100%的出租率，因此估算总额还应下浮。

（2）商业设施租金收入：2012 年公租房小区商业设施的月租金平均约为 30 元/平方米，按 10%的商业配建面积估算，4 000 万平方米公租房社区应配建 400 万平方米商业，若按平均租金估算，则商业设施年租金为 14.4 亿元。该金额未考虑空租率，也未考虑免租期情况。而实际中，商业设施是存在空租和免租的情况的，特别是公租房小区开始入住的前几年，以及某些位置不好的商业铺位。

（3）停车位租金收入：目前重庆公租房车库的收费标准为：摩托车 70 元/月、小车 300 元/月。由于受一般公租房租户收入影响，该部分收入目前占收入的比例小，其中很大一部分用于车库维护及运营。

（4）公租房销售收入：政府对公租房租住满五年后符合有关条件的租户可以采取“原价+利息”的政策购入公租房。由于目前第一批公租房租户 2011 年入住，承租时间均未达到五年，重庆尚无具体的出售政策出台，仅计划将按 1/3 的比例出售，估计住房部分收益 400 亿元、商业设施收益 400 亿元（高福生，2010）。预计通过出售公租房可以在短时间加快资金回收，重庆公租房收益情况见表 4.9。

表 4.9　　重庆公租房收益情况

序号	项　　目	说　　明	金　　额
1	住宅租金收入	租金标准为 9～11 元/平方米，按平均价格 10 元/平方米、4 000 平方米估算	48 亿元/年
2	商业设施租金收入	2012 年公租房小区商业设施的月租金平均约为 30 元/平方米，按 10% 的商业配建面积估算，4 000 万平方米配建 400 万平方米商业	14.4亿元/年
3	停车位租金收入	收入比例小，很大一部分用于车库维护及运营	—
4	住宅销售收入	住宅 1/3 销售	400 亿元
5	商业销售收入	商业 1/3 销售	400 亿元

问题的提出：通过前述分析，一方面可以看到公租房租金（住宅年租金 48 亿元+商业设施租金 14.4 亿元＝72.4 亿元）收入难以按预期平衡每年产生 78.82 亿元贷款利息。考虑到公租房空租率不可避免，即使政府可以争取公租房的某些低息贷款以及配建总面积 10% 的商业门面用于出租，但要

用租金平衡贷款利息仍然是个难题。另一方面，出售公租房的收益并不能弥补投入，仅能在一定程度上缓解少量短期资金压力。而此举同时造成公租房数量减少，对于其他需要租住公租房用户的租房需求，政府只有继续修建公租房来进行满足。考虑到材料和人工等上涨因素，后续公租房修建的投入将远远大于出售前期修建公租房的收入，从长远发展来看远期资金压力更严峻。

3. 公租房投资主体单一

重庆市采取的是政府作为唯一投资主体，实行财政投入发挥主导作用，由政府给予财政性投入和各项优惠政策。并在此基础上实行建设主体和日常运营主体相结合的公租房建设运营模式——国有的集团公司和区县政府性投资公司为建设主体，投资建设主体拥有公租房的产权，但没有房屋租金的定价权和转让权。并成立重庆公租房管理局作为公租房日常运营主体，负责公租房的保障规划、政策制定、分配和监管工作。而作为公租房唯一的投资主体，重庆公租房 1 718 亿元的直接投入将由政府全额承担。

通过有关数据可见，重庆市由于直辖以来市政设施等投入巨大，正面临着巨大的财政压力。根据审计署 2013 年第 32 号《全国政府性债务审计结果》可见：截至 2013 年 6 月底西部地区 11 省市政府性债务总规模占全国的 28.7%，其中四川、重庆占比最高。重庆市截至 2013 年 6 月债务规模为 7 360.27 亿元，占全国各省债务规模的 4.1%；全国范围以融资平台作为负债主体债务占比较高的省份主要是湖南、重庆、安徽、湖北、广西，占比在60%以上；重庆属于其他信托融资占比较高的省份。而从债务率（债务规模/财政收入）看，全国平均水平为120%，重庆为190%；从负有偿还责任债务/财政收入的比重看，全国平均水平为70%，重庆为90%以上；从负债率（债务/GDP）指标看，全国平均水平是35%，重庆接近60%。综合所有指标，重庆市偿债压力位居全国第一位。另外，地方政府债务中，债务偿还对土地出让的依赖程度较高，从承诺以土地出让收入偿还额占负有偿还责任债务比例看，全国平均水平是40%，重庆为50%以上。重庆一方面偿债压力较大，另一方面债务偿还对土地出让收入的依赖程度较高，其风险相对较高。

问题的提出：为保证上述投入能够到位，作为唯一投资主体的重庆市政府规划建设资金中30%由政府投入、70%靠政府架构的国有融资平台通过贷款融资来取得。即采取1+3筹资模式——“1”指政府拨款300多亿元，包括政府的现金拨款和政府储备土地无偿划拨；“3”则指对于通过银行贷款、基金融资、保险融通等方式筹集的资金。据数据显示——2013年上半年公租房贷款余额达到174.6亿元，同比增长45.0%（人民银行重庆营管部，2013）。截至2013年8月，公租房资金来源为：中央和地方财政筹集443亿元、银行贷款302亿元、公积金贷款30亿元、社保基金委托信托贷款45亿元，发行债券50亿元（石破，2013）。可见实际运作中重庆公租房大量建设资金是通过贷款融资渠道和财政拨款渠道进行，债务压力已凸显。若遇宏观调控造成的银根紧缩和利率上浮，则会面临融资窘境和债务压力加剧。政府作为唯一投资主体，独自承担这么巨大的投入压力和债务包袱，将不利于公租房供应的长远发展。

4. 公租房利用监管难度大

重庆对租住过程中违规违约者解除租赁合同，并对公租房保障对象实施动态管理，建立同房管、公安、民政、社保、工商数据共享的管理信息系统，不定期对住房使用情况进行检查，对不符合租住条件的住户及时清退，期望通过此举来保证公租房资源流向符合条件的租住人。重庆公租房管理局作为监管服务机构，按规定对公租房运行进行监管。

问题的提出：随着公租房建成小区的增加，截至 2014 年 12 月已累计入住 19.3 万套，重庆公租房管理局面临越来越多的租户，对这么大范围的住房使用情况进行及时检查和监管也难免力不从心，使得监管保障公租房资源的充分利用存在难度。而前述公租房资源利用不充分的情况，必然会影响到真正需要租住公租房的人群，未满足租住需求的人群所产生的需求压力使得政府需要继续修建公租房以增加房源，同样也增加了政府的财政支出压力。

5. 租后出售可能引发潜在供应短缺

重庆市政府期望通过租户入住 5 年后出售公租房来平衡部分投入本息，出售后的公租房采取封闭运作模式，即：符合条件的承租人可申请购买，若已购买公租房的使用者确需转让该住房，则由公租房管理机构以原购房价加利息回购，回购后的房屋重新作为公租房流转。

问题的提出：一方面，对于满5年已出售公租房部分，若购买者购买后将房屋出租，或购买者本身经济改善超出原公租房要求的租住资格，都将形成公租房房源流向不符合租住资格的人居住，变相形成公租房资源流失的局面，这必然违背了国家推行公租房的初衷。而目前公租房管理局尚未对前述极可能出现的情况提出具体的对策或政策细则；另一方面，重庆历年来由于城镇化加速推进、城市地位提升，使得城市城镇人口逐年快速增加（见图4.11），2006—2013年每年城镇人口增加数量平均为58.36万人、城镇化率平均为52.5%（见图4.12）。城镇人口的持续增长，意味着公租房需求也将会持续增加。而重庆公租房租满5年后出售，使得可以用来流转的公租房数量减少，若不继续投入新的公租房房源，则后续供需数量将会存在短缺。

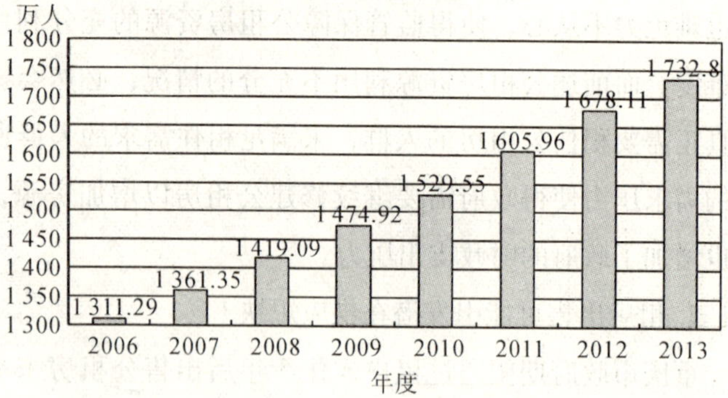

图4.11　重庆2006—2013年城镇人口数量变化趋势图

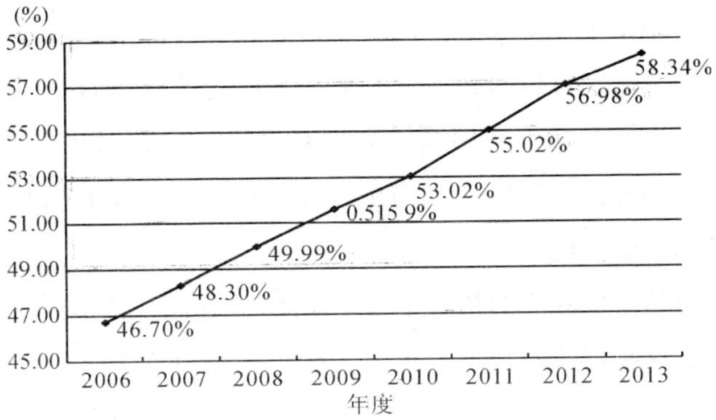

图 4. 12　重庆 2006—2013 年城镇化率变化趋势图

6. 分析结论

目前全国很多地区的城投公司都出现了投融资难度加大的情形。公租房财政支出大、政府举债多，使得其还款来源存在问题。重庆寄希望于未来公租房出售来保证还款来源的做法有扬汤止沸之嫌，虽然能够解一时之急，但并不利于公租房供应的可持续性。重庆公租房建设与运营的发展的瓶颈正是政府承担的财政巨大压力和债务风险潜在压力。

二、影响社会力量可持续参与建设的瓶颈

1. 公租房供应模式局限

《重庆市公共租赁住房管理暂行办法》提出公租房是由“政府投资并提供政策支持，限定套型面积和按优惠租金标准向符合条件的家庭供应的保障性住房”，明确了重庆市政府是重庆公租房的唯一投资主体。大型国有企业和区县政府性投资公司作为公租房开发建设主体、有国有背景的施工企

业作为施工主体，投资建设主体拥有公租房的产权，但没有房屋租金的定价权和转让权。重庆采取这种模式的原因是由于：一方面有利于利用其已有国有融资平台获取建设资金，另一方面保证公租房产权仍在国有背景的建设方手中、以防止公租房资源流失。

虽然重庆政府的初衷是为了保证公租房产权的国有背景，但是，这种以政府为唯一投资主体、大型国有企业和政府投资公司为建设主体的方式过于单一，直接将社会力量参与公租房建设拒之门外。这与住房与城乡建设部公布在 2012 年《公共租赁住房管理办法》中要求的“公共租赁住房可以通过新建、改建、收购、长期租赁等多种方式筹集，可以由政府投资，也可以政府提供政策支持、由社会力量投资”的政策有所出入。重庆市这种全部由政府投资新建、且建设规模巨大的情况在全国范围内罕见，就连北京上海也没有采取这种全部由政府大力度投入的方式新建公租房，这种情况无可置疑地考验着重庆市政府的财政承受能力。

因此，重庆市政府对于公租房供应模式的构架中，并未考虑如何去引导社会力量参与建设公租房，这是影响社会力量参与重庆建设公租房的直接原因。

2. 公租房盈利机制缺乏

从对重庆公租房的投入与收益的相关分析可见，即使政府无偿划拨土地、免征城市建设配套费等行政事业收费和政府性基金，同时对于租售也免征营业税和房产税，公租房租金要平衡建设资金贷款利息也是非常困难的，更不用说用租金来实现投资回报。公共租赁住房的特点之一在于回款周期长，企业如参与持有，需承担多方面的风险和不确定性，在开发模式下尚不存在收益与风险相匹配的经营模式。即便是目前这种大型国有企业作为建设主体，重庆也要求其“不得盈利”，这些企业参建公租房是为了配合政府建设保障房的政策而采取的回馈社会行为，主要是从社会责任角度考虑而非企业利润角度考虑。一方面，这说明了目前公租房的盈利机制缺失的现状，也说明了公租房建设对于民企等社会力量的吸引力不强。另一方面，我们可以看到重庆公租房建设的建设主体往往是国有融资平台，这是因为公租房建设投入大，要在短时期里通过民营企业来积累相关的资金是有难度的，为及时完成中央要求的公租房建设任务，重庆市政府在公租房建设方面挑起大梁，并未在公租房建设中推行国内其他地方推行的配建、代建和开发模式。

因此，公租房盈利机制的缺乏，使得社会力量并无热情参与公租房建设。而要在短期完成中央要求的公租房建设计划，短时期内通过民营企业来积累相关的资金也有难度的。重庆公租房建设采取的是没有社会力量介入的方式，公租房盈利机制的缺乏是根本原因。

3. 鼓励社会力量参与公租房建设的政策缺失

目前，各地政府纷纷研究如何鼓励社会力量参与到公租房建设中来。如：广州允许社会力量通过租赁政府储备土地来建设公租房，土地租金按年收取，以此来减少公租房建设启动资金投入，同时也允许集体用地建设公租房；浙江也开始研究出台政策引导鼓励大中型企事业单位、行业系统、外来务工人员集中的园区和开发区、房地产开发企业、村级集体经济组织投资建设公共租赁住房；济南市支持中央和省直单位在自有存量土地内按政策、规划及需求建设公共租赁住房，同时鼓励事业单位、大专院校、开发区及产业园区、各类企业等社会力量参与公共租赁住房建设。其他各地也纷纷推行商品房项目配建公租房的政策。而重庆政府由于秉承其公租房由政府作为唯一的投资主体的供应模式，即使园区和开发区等修建的公租房往往也是由管委会成立相应的公司进行建设。因此，对于社会力量参与公租房建设的相关工作并未着手推进，相关配套的鼓励政策也没有出台，只有个别县开始试水公租房 BT 融资建设。

4. 分析结论

社会力量参与公租房建设是国内各地开始着手研究和推进的工作。由于重庆的公租房供应模式决定了重庆政府为唯一投资建设公租房的主体，加上盈利模式缺乏、相关鼓励政策没有出台，社会力量尚未参与到重庆公租房建设中去。而根据审计署 2013 年对全国政府性债务审计结果可以看到目前重庆市的偿债压力位居全国第一位。原有的公租房供应模式在短时期里虽然可以发挥公租房任务完成迅速、短期修建规模得以保障的优势，但是由于受到地方偿债压力影响，如果没有其他社会力量参与到公租房建设中来，从长远看公租房建设后劲将缺乏。

三、干扰公租房后续实施效果的瓶颈

公租房要实现可持续运营，除了要解决供应问题和主体问题，公租房保障对象的认可度也是非常重要的因素之一，使用者的认知将最直观地反映出目前公租房的实施效果如何，因此有必要从使用者视角去发掘公租房实施效果的瓶颈。从目前学术界研究看，公租房相关研究主要体现在政府角色定位、政府建设运营两个大方面：角色定位方面，西方国家公租房体系的特点是政府干预的普遍性，西方学者 A. C 庇古（1920）提出“福利国家”“国家干预”“收入转移”等概念则强化了国家在社会福利和社会保障体系建设方面应承担的责任和应起到的作用；比较住房政策理论先驱——大卫·弗农·唐尼森（David Vernon Donnison，1967）将政府在房屋政策中的角色分为雏生型、社会型和全面社会责任型三类，并认为由于各国政府在责任和角色定位的不同，会导致了政府在公租房制度推行中职能和制度设计上的差异。国内学者在此基础上进行了进一步研究，如荀旭东（2011）将政府在公租房建设与运营中的职能定位于：政府布局与规划引导、立法体系建立与机构支持、资金支持与补贴、进退机制规范。建设运营方面，左停、王丽丽（2011）提出了建立政府主导、管办分开、统一协调的公租房保障服务的体系，以及采用多种形式的补贴制度、开拓多元化的住房融资渠道；张红婷、李小平（2011）提出目前国内存在公租房投资主体单一的问题，政府可以鼓励非政府性的组织、机构、公司等投入资金来参与公租房建设。前述这些研究，主要是从公租房建设的角度来进行研究的，主要涉及建设主体方面的问题。而公租房运营的执行效果还应进一步从公租房使用者视角来进行研究。目前，由于公租房入住时间均不长，此类研究数量有限，现有结论仅找出一些表象问题，属于研究薄弱之处。如：刘旭在《重庆市公租房居住满意度研究》（2012）中指出租户对于公租房的交通便利性、出行交通成本、到市中心的距离承租户都给出了不太积极的评价，问题的根本是公租房的选址存在问题；还指出租户对公租房租金满意度偏低；刘贵文通过对重庆市已入住公租房租户的调查，在《公租房住户满意度综合评价》（2013）中认为政府公租房管理水平大大落后于建设速度、公租房规划设计有待提高。

公租房在建设初期政府关注的重点是公租房建设规模和建设资金投入问题。但随着租户的入住，使用者的意见和呼声将直接影响到公租房的执行效果是否被使用者认可。如何从使用者视角去挖掘出影响公租房执行效果的瓶颈，即公租房执行效果的干扰因素，并在后续公租房运营工作中进行完善也是各地政府所关注的重点。基于前述原因，特选择重庆多个公租房社区为研究对象区，期望通过对已入住租户进行的问卷调查分析出公租房执行效果的干扰因素，并针对干扰因素提出相应的对策以供政府决策参考。

1. 研究假设、内容与研究方法

为从客户（使用者）的角度去了解公租房运营的执行情况，假设客户满意度影响其对公租房执行效果的认知。根据特西和威尔顿（Tse & Wilton，1988）的观点（顾客对于产品和服务的质量感知也会直接对满意度产生显著影响）和罗厄和斯图尔特（Rohe & Stewart，1996）的观点（居住满意度是居民对住宅及其小区环境的综合满意情况），进行了大量的专家访谈与现场走访，而专家访谈和现场走访的结果基本印证了该假设：客户的行为反映了客户对于产品的认可度，使用者满意度将产生相应的行为，该行为反映了其对公租房执行效果的认可情况。根据瑞典顾客满意度指数模型即 SCSB 模型（见图 4.13），确定了影响使用者眼中公租房执行效果的两个关键行为指标：客户忠诚度——弃租及原因，顾客投诉——使用者眼中的现行公租房运营不合理因素，而对于公租房执行效果的干扰因素应从这两个行为指标中去挖掘。因此，问卷的设置应将这两个指标作为因变量进行展开，挖掘出导致该行为的自变量因素，即公租房执行效果干扰因素。

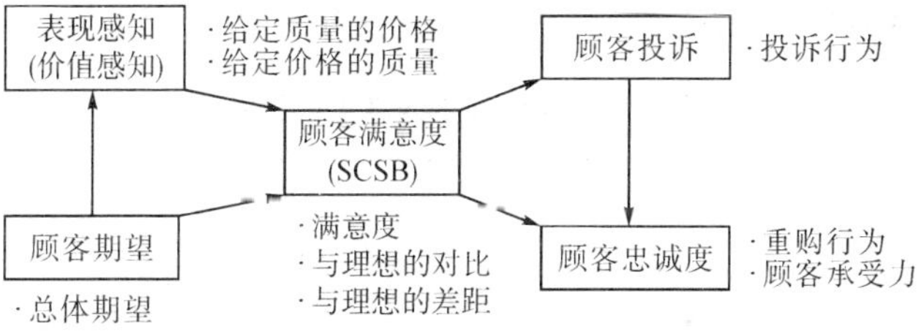

图 4.13　顾客满意度 SCSB 模型图示

对于如何进一步界定问卷调查问题范围，参考了以下学术界理论观点：①居住满意度是现实与期望住房状况两者的差距，是居民基于对现在居住状况的客观认知而形成的主观感受［克莱斯特（Glaster，1987）、赫瑟（Hesser，1981）］；②社区环境、购物设施和物理环境可以在很大程度上解释对于周边环境的满意［欧诺（Ozo，1990）］，住房管理部门的服务会对满意度产生重要的影响［伯比和罗厄（Burby & Rohe，1989）］；住房个体与其生活的家庭特征会在一定程上影响居住满意度［路（Lu，1999）］；居住迁移性是个体对于居住满意度关系较大［纽曼和邓肯（Newman & Duncan，

1979）]，迁移因素与居住满意度呈现负相关［迪亚兹—塞拉诺（Diaz-Serrano，2006）］。

综上所述，调研问卷应主要涉及以下几个方面：主观感知、住房的特点、个体和家庭特征、周边环境特征、迁移等方面。同时根据前期所作的专家访谈和现场走访，最终确定问卷分为五个大方面（见表 4.10），即：调查租户基本情况、公租房申请及使用情况、交通及配套情况、管理与服务情况、续租及续购意愿五个方面。并将主观感知、住房的特点、个体和家庭特征、周边环境特征、迁移这几个方面细化成一系列问题后列入前述五个方面，最后设置成 55 个变量。

表 4.10　　公租房使用者调查问卷主要指标

序号	一级指标	二级指标
一	基本情况	年龄、家庭收入、同住者收入固定收入情况、以前租金标准、居住环境对比
二	公租房申请及使用	公租房面积、户型、居住人口、交表到摇号时间、配租后多久入住、租住方式、使用者对现行租金看法、对现行物管费看法、选公租房首要关注问题、
三	交通及配套	交通是否便捷、工作地点及距离、换乘次数、小区公交线路、公交发车间隔、居住环境舒适情况、住房质量、商业配套用房业态与生活关联度、街边摊情况及态度、生活方便程度
四	管理与服务	安全性、物业管理（好及差的地方）、社区活动及频率、组织单位、清退知晓情况、是否有不适合租住的租户、主管部门入户检查、入住后申报收入及住房情况的次数、公租房最主要问题、是否关注相关政策、政策合理性、公租房政策需改进之处
五	续租、购买意愿	续租意愿、续租原因、购买意愿、购买原因

通过对多个公租房社区使用者随机投放调查问卷，收回调查问卷497份，筛选出合格的调查问卷463份（其中年龄阶段分别为50岁以上178份、41~50岁89份、33~40岁75份、26~32岁113份、18~25岁8份，见图4.14）。对调查问卷运用SPSS16.0 for Windows进行参数检验、t检验、相关分析、回归分析等统计分析方法进行了相关分析。

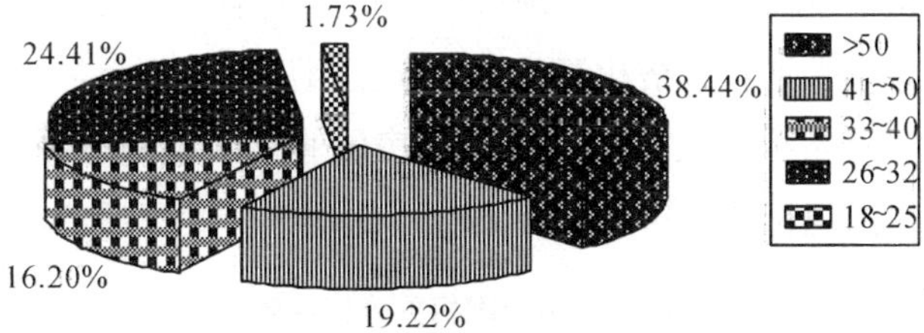

图4.14　公租房被调查对象年龄结构构成

2. 数据分析

（1）相关性分析

通过对调查问卷数据录入并运用SPSS16.0软件包进行相关关系检验，发现弃租原因、入住申报次数、以前居住环境与现状居住环境对比、现行公租房运营不合理的原因、交通距离、公租房租金、入住等待时间、对现行公租房租金看法、对现行公租房物业管理费的看法、公租房面积、对现行物管费的认知情况、选公租房首要关注因素这12个变量有不同程度的相关。为进一步明确相关性，根据SCSB模型的两个关键变量，采用皮尔逊积差相关的双尾检验法，对前述两组12个变量之间的相关关系进行检验，结果表明存有两组相关性：①租户弃租原因和入住后申报次数、物业管理、交通距离和以前居住环境与现在居住环境对比呈相关（见表4.11）；

②租户认为现行公租房运营中不合理原因和公租房租金、租户对现行公租房租金看法、对现行物管费看法、公租房面积、入住等待时间、选公租房首要关注问题相关（见表 4.12）。这和实际调查中的情况也相符：因为租户入住后偏好和原有租住情况进行对比，若公租房租住性价比和交通优势不高租户往往就考虑是否寻找其他的租住地点；另外，调查显示租户在租住过程中普遍认为现行公租房租金偏高，物管费付出后没有享受到和价格相符的服务，公租房面积不满足租住需要（特别是租住人口增加后调换房屋非常困难），这些都是租户认为现行公租房运营有不合理的地方。配租后的入住等

表 4.11　　租户弃租原因相关分析结果

		入住后申报次数	物业管理	交通距离	以前居住环境与现在对比
弃租原因	Pearson Correlation	-0.293*	0.310*	0.354**	0.380**
	Sig.（2-tailed）	0.021	0.014	0.004	0.002
	N	463	463	463	463

表 4.12　租户认为现行公租房不合理原因相关分析结果

		公租房租金	入住等待时间	对现行公租房租金的看法	对现行物管费的看法	选公租房首要关注
不合理的原因	Pearson Correlation	0.275*	-0.271*	0.382**	0.281*	-0.425**
	Sig.（2-tailed）	0.030	0.033	0.002	0.027	0.001
	N	463	463	463	463	463

待时间和公租房首要关注因素的不满足也会引起租户认为不合理的情况发生，这些现实问题的提炼对公租房建设有一定指导意义。

（2）公租房运营不合理因素的线性回归分析

用逐步筛选法将自变量不断进入回归方程，逐步筛选法在选择变量的每一个阶段，都考虑了剔除一个不显著自变量的可能。分析中以使用者认为现行公租房运营不合理原因为因变量，将前述相关性检验中所显示的与其相关的6个因素（见第一组相关结论）作为自变量进行线性回归分析，经过逐步筛选后得出线性回归分析表4.13：

表4.13　使用者眼中现行公租房运营不合理原因的多元回归分析

Coefficients[a]

Model		Unstandardized Coefficients		Standardized Coefficients	t	Sig.
		B	Std. Error	Beta		
1	(Constant)	5.036	0.349		14.436	0.000
	选公租房首要关注因素	−0.299	0.077	−0.456	−3.906	0.000
2	(Constant)	4.131	0.413		10.005	0.000
	选公租房首要关注因素	−0.310	0.070	−0.473	−4.408	0.000
	对现行物管费的看法	0.646	0.186	0.372	3.467	0.001
3	(Constant)	4.832	0.494		9.780	0.000
	选公租房首要关注因素	−0.322	0.068	−0.492	−4.757	0.000
	对现行物管费的看法	0.635	0.179	0.366	3.546	0.001
	居住工作距离	−0.074	0.031	−0.246	−2.383	0.021

a. Dependent Variable：不合理的原因

得出3个模型：

模型1 租户认为现行公租房不合理原因＝ −0.456×选公租房首要关注

模型2 租户认为现行公租房不合理原因＝ −0.473×选公租房首要关注+0.372×对现行物管费看法

模型3 租户认为现行公租房不合理原因＝ −0.492×选公租房首要关注+0.366×对现行物管费看法−0.246×居住工作距离

我们选择模型3，说明从样本反映来看租户认为现行公租房不合理原因主要是由选公租房首要关注问题、对现行物管费的看法和居住工作距离引起的，说明租户选公租房首要关注问题是否满足、现行物管费是否性价相符、居住工作距离远近是大家考虑的重要因素。这也符合下述实际调查情况：

①公租房关注问题的多选项综合频数分析对前述模型的印证。

表4.14 使用者对公租房关注因素的多选项综合频数分析

		Responses		Percent of Cases(%)
		N	Percent(%)	
选公租房关注因素	房租价格	393	42.4	84.8
	使用面积	211	22.8	45.7
	屋内装修及设施维护	151	16.3	32.6
	周边配套	111	12.0	23.9
	居住工作距离或方便程度	40	4.3	8.7
	房间数量	20	2.2	4.3
Total		926	100.0	200.0

为继续挖掘前述模型中公租房首要关注因素，根据调查问卷中对公租房关注问题 a（首要关注问题）、b（次要关注问题）合并后进行 SPSS 的多选项综合频数分析，分析结果见表 4. 14：调查者中有 42. 4%的人关注房租价格、22. 8%关注房屋使用面积（特别是租住人口增加后调换房屋非常困难）、16. 3%关注室内装修及设施维护情况、12. 0%关注周边配套，另外还有 4. 3%的调查者关注单位距离或方便程度、2. 2%关注房间数量。这些租户关注的问题若没有得到满足，如房租偏高、房屋使用面积不合理、小室内装修及设施简陋或维修不力、周边配套不完善、离单位距离远引起不方便等情况凸显，则会引起租户认为不合理。

②而在调查中租户反映现有物管机构服务水平欠佳、服务不及时（特别是维修服务），造成了租户普遍认为物管费的收取和应获取的服务存在性价不符的情况，相对现在物业管理机构提供的服务内容和服务水平而言，现行的物管费标准收取过高。

③由于目前重庆的公租房大多建设在城郊区，居住工作距离较远造成的不便也是租户认为不合理的原因。而这也提醒我们在提倡公租房时首先需尽量去满足租户首要关注的问题（租金能够承受、房屋使用面积宜居、室内装修及设施质量可靠、周边配套完善、单位距离不远或者上班方便），其次要提高物管服务质量、使租户感觉物管费与物管服务性价比相符，若公租房是为工业区或者园区配套设施（如重庆西永微电园公租房建设），还需针对工作人员的工作区域和生活区域进行合理的规划来解决工作生活距离造成的问题。

④在对抽样调查的人员年龄结构分析中发现50岁以上人员所占比例最大（占总数的38.44%），而在实际现场调查中也发现租住公租房的老年人数量较多、呼声也较多。

（3）使用者弃租原因的线性回归分析

以弃租原因为因变量，将相关性检验中所显示的与其相关的5个因素（见第二组相关性结论）作为自变量进行线性回归分析，经过逐步筛选后得出表4.15：

表4.15　　使用者弃租原因的线性回归分析

Model		Unstandardized Coefficients		Standardized Coefficients	t	Sig.
		B	Std. Error	Beta		
1	(Constant)	3.261	0.450		7.245	0.000
	以前居住环境与现在对比	0.695	0.208	0.400	3.347	0.001
2	(Constant)	2.277	0.551		4.135	0.000
	以前居住环境与现在对比	0.591	0.200	0.340	2.959	0.004
	交通距离	0.526	0.187	0.324	2.818	0.007

a. Dependent Variable：弃租原因

得出2个模型：模型1 弃租原因=0.4×以前居住环境与现在对比

模型2 弃租原因=0.34×以前居住环境与现在对比+0.324×交通距离

我们选模型2，说明从样本反映来看影响租户弃租原因主要是由交通距离与以前居住环境与现在对比引起的，说明公租房的交通距离以及居住环境是大家考虑的重要因素。这也符合实际情况，目前重庆的公租房大多建设在离市中心较远，一般需换乘至少3次以上的交通工具，这为租户工作出行带来很大不便，在公租房带来的生活成本也由此升高，这对以中低收入为主的租户来说可能要考虑其居住性价比，在很大程度上影响其放弃房租价格较为便宜的公租房。而这也提醒我们在建设公租房时需前期对其交通规划以及小区环境规划尽可能细致。

3. 分析结论

通过对使用者眼中公租房执行效果的两个关键指标的分析（即使用者对目前运营情况认可情况、弃租情况），发现弃租原因与物业管理、交通距离以及原居住环境与现在居住环境对比度有关系，同时发现出公租房执效果是否被认可与使用者主要关注的问题是否被满足以及选址的地点有关系，而使用者关注的主要问题又主要体现在公租房租金、房屋使用面积是否因人口入住数量变动而及时动态调整、室内装修及设施配置、周边配套情况这几个方面。由此分析结果并借鉴瑞典顾客满意度SCSG模型得出公租房执行效果干扰因素模型（见图4.15）。可以得出如下结论：

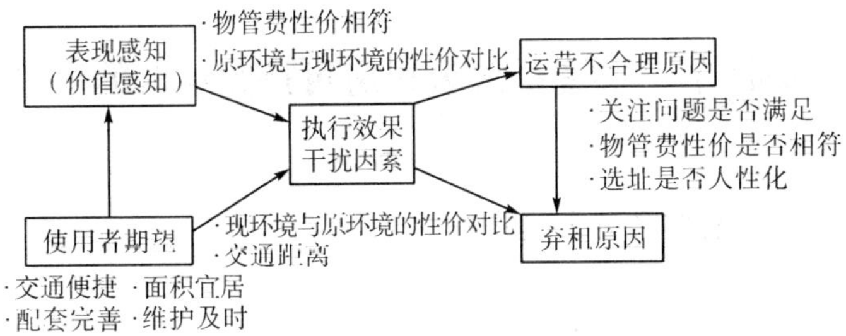

图4.15 公租房执行效果干扰因素模型示意图

(1) 交通距离是执行效果重要干扰因素，公租房建设时的选址对于公租房执行效果是否被认可尤为重要。同时对于因工作变动使得的交通距离增大而引发的换租需求也应充分重视。

(2) 对于公租房面积和房间数量配置应与使用者人数变化动态调整。

(3) 交通、小区环境、小区体量、小区配套规划等问题应尽可能考虑周到，应关注公租房租户中占相当比例的老人群体的配套呼声。

(4) 在运营过程中应注意提高物业管理水平、增加管理费的性价比、使租金标准有下浮空间，还应及时维护室内装修和设施配置。

(5) 前述问题都在一定程度上是干扰公租房实施效果的瓶颈所在，公租房要具有实施的社会基础首先要受到使用者的认可，因此应从这个角度有针对性去破解干扰公租房实施效果的瓶颈。

第四节 实现重庆公租房可持续运营的对策

一、总体思路及模式构架

要实现公租房的可持续运营，就要使公租房后续供应有保障，能够满足城镇化过程中不断增加的夹心层人员数量所带来的公租房需求，同时已投入使用的公租房社区也应满足租户的相应需求并得到其认可，使得整个在推进公租房过程中既能保证数量供应，又能保证使用者乐于租用，使得此项民心工程能够真正体现民生价值。因此，公租房可持续运营应从供应和实施效果两个方面进行完善，同时引入社会力量参与到公租房的整个运营过程中。而要解决供应问题，就要解决公租房实物来源和资金来源问题；要达成实施效果就要应对公租房执行效果的干扰因素，要对租户弃租和认为运营中不合理的问题进行完善改进。

针对前述总体思路，要实现重庆公租房可持续运营，首先要进行相应的模式构架，以应对公租房运营所面临的瓶颈。在模式构架过程中结合社会保障理论相关流派的思想，即“自由市场和政府的联合可以使效率和平等达到最大化”：政府在公租房建设过程中应充分发挥其引导作用，有利于社会公平目标的实现；但同时也应考虑到重庆这种由政府作为唯一投资主体进行公租房投入未必能产生有效率的资源配置，在公租房运营中应考虑引入社会力量参与。因此，本书架构了“政府主导监督下的四位一体运作模式”不失为一个解决之道，在这种模式下，政府承担的是公租房建设主导和监督职能，并充分发挥其引导作用最大程度实现多方资源的整合。

在“政府主导监督下的四位一体运作模式”（图 4.16）中，政府在公租房建设中发挥的是主导与监督作用，而不是按唯一投资者身份直接参与公租房的实物供应。参与公租房运营的将主要由四类主体组成：重庆市公共租赁房管理局负责公租房运营管理，国有融资平台负责资金融通和搭建融资平台，指定机构、企业及其他组织负责公租房的投资与建设，提供市场过滤出来二手房、危改房、空置房的个人负责出租房屋。

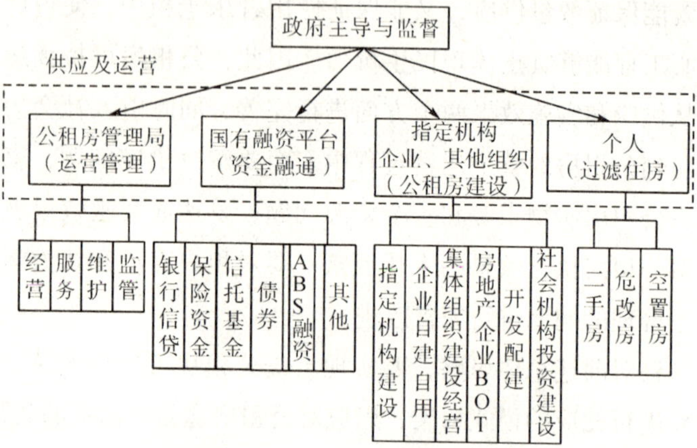

图 4.16　政府主导监督下的四位一体运作模式示意图

1. 重庆公共租赁房管理局：负责提供公租房申请及配租等服务及平台构建、负责公租房经营及维护工作的组织，选择相关经营服务提供单位参与公租房商业设施经营和物业管理服务等，并对公租房的整个运营相关工作进行监管。

2. 国有融资平台：负责公租房所需资金的融通，根据需要搭建融资平台，充分利用银行信贷、保险基金、信托基金、债券、ABS 融资等形式筹措资金，并积极寻求其他来源的资金支持方式。

3. 公租房建设指定机构以及参与公租房建设的社会企业、其他组织等：采取多种方式参与公租房建设，如指定机构建设、企业自建公租房用于职工住房、农村等集体组织用集体用地建设公租房出租并经营、开发商在商品住宅项目中配建公租房、房地产企业采取 BOT 方式参建公租房、社会其他投资机构投资建设公租房等。

4. 个人：住房过滤产生的原因在于住房的老化和新建，房屋所有者个人在改善需求得到满足后，将“过滤”出来的二手房、危旧改造房、空置房等进行出租。政府通过收购或者长期租赁的方式将房屋收集到房屋银行中，然后将其改造成公租房提供给公租房保障群体。

在上述模式下，政府承担的是公租房建设主导和监督职能，并充分发挥其引导作用，最大程度实现多方资源的整合（图 4.17）。一方面，整合了政府、银行、公积金机构、保险机构、社会机构、SPV 机构、个人这些方面对公租房建设支持的资金来源。另一方面，整合了政府、社会机构、房地产企业、企业和集体组织新建的公租房实物来源，以及个人“过滤”出来的旧房作为公租房实物的来源。

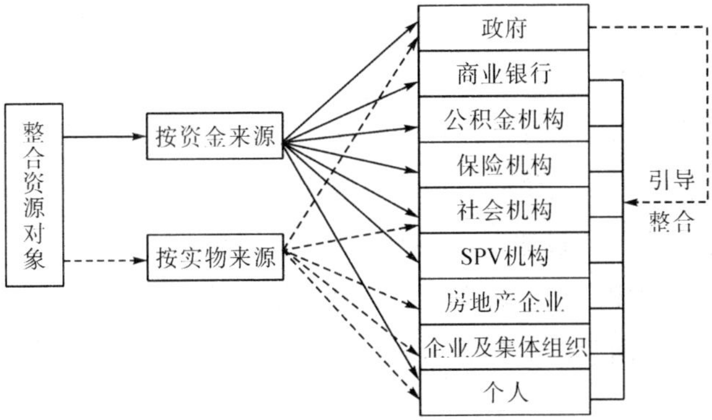

图 4.17　政府主导下的公租房资源整合图

二、实现公租房可持续供应的对策

1. 降低政府新建公租房的资金投入

（1）收集空置房或者市场“过滤”出的旧房作为公租房

西方城市经济学家认为高收入者会将条件较差的住宅过滤给中等收入者，而中等收入者也会将条件更差、更低廉的住宅过滤给低收入者，形成“住宅市场过滤现象”（见图4.18）。根据“住房过滤理论”，在房地产市场中，高收入居民享有最初的住房，随着时间的推移，住房发生老化，逐步增加使用功能更好的新建住房，为追求更好的居住条件，高收入者放弃已有的住房，中低收入者或要求不高的阶层以低于新建同类住房的价格继续使用旧有住房，这类“过滤”出来的住房中，大部分是符合保障性要求的。根据发达国家完善的经验所示，存量住房的交易量通常大于新建住房的交易量，住房市场的供应体系应以利用旧房为主，促进存量市场的住房层层“过滤”，不同收入阶层都在住房市场中找到自己相应的住房，可降低住房的供需结构性矛盾，使中低收入者的住房问题得到解决。

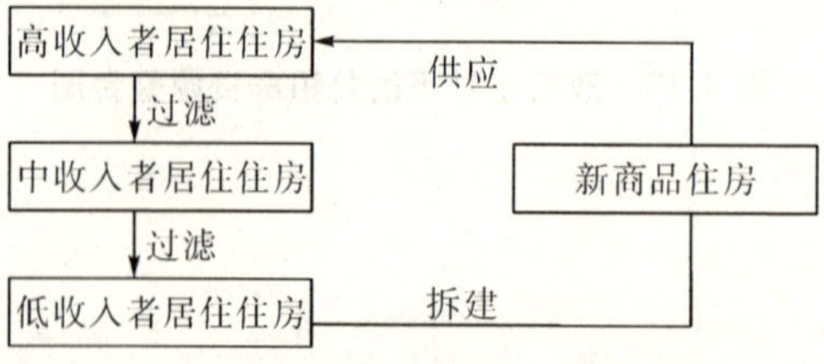

图4.18　住房过滤流程示意图

因此，这里所说的“过滤”出的旧房，主要就是从中高档住宅市场“过滤”出来的二手房、危旧改造房、空置房等，这类住房存在着分散分布、选择面大的特点。重庆市属于存量房较多的城市，截至 2014 年 11 月存量房数量就达到 1 477 万平方米。目前重庆市采取的公租房全部新建的政策，不仅使住房的供给数量更加增加，造成了资源浪费，而从前面可持续供应瓶颈的相关分析可见新建方式供给公租房将很大程度加重了政府的负担，同时也影响了市场的正常过滤。为此，重庆政府可以充分利用市场过滤出来的旧房作为公租房：第一种方式，通过长期租赁的方式收集“过滤房”，然后将其改造成公租房；第二种方式，直接给夹心层提供租房补贴，鼓励他们在住房市场中自由租房。

通过前述利用市场过滤出的旧房作为公租房的方式，不失为将有限的资金分期投入来增加公租房房源的一种可借鉴方式，一方面可以节省政府开支、在一定程度上缓解财政的压力，另一方面可以使住房供应链条连续性加强，加速住房过滤，有利于建立健康的住房供应体系。另外，由于分散分布的特性，也可以避免公租房集中性修建带来中低收入人群大面积的聚集而引发的“贫民窟”现象发生，以及由此引发的社会问题；同时也由于分散分布、选择面大的特性，将有利于租户根据工作地点就近选择，减少交通费用支出。

（2）以商品房配建公租房方式出让土地

重庆政府可以在出让土地的时候在普通商品住房项目或“三旧”改造项目中强制推行配套建设一定比例（或面积、或套数）的公租房（在配建时要注意容积率问题，不选择低容积率的地块，或者政府在出让的时候可以考虑将公租房不计容积率），将公租房配建面积、套型结构、装修标准等内容作为土地前置条件予以明确，要求立面与室外配套应与同一开发项目商品住房一致，并与同一商品住宅项目同步规划、同步建设、同步验收、同步交付使用。由开发商负责配建公租房的建设工作，开发商可以享受一定的优惠政策，以提高开发商拿地的积极性。

通过这种方式既可以增加公租房的房源、又可以解决政府公租房建设资金来源不足的问题。目前，北京、上海、深圳、济南、沈阳等地都出台了类似政策，而重庆尚未出台相关政策。此种方法的优势在于简单易行，重庆可以借鉴这种做法，可以在很大程度上解决房源和建设资金问题，同时也使公租房与商品房地域结合紧密，共享规划配套，避免公租房集中性修建带来的一系列社会问题。

2. 增加公租房的资金来源渠道

（1）利用保险资金

据2010年9月中国保监会发布的《保险资金投资不动产暂行办法》相关规定，公租房项目符合保险资金投资条件，且投资回报率无疑会高于当前3~5年保险资金银行存款利率，这意味着公租房项目对保险资金具有一定吸引力（重庆所取得社保基金的45亿元委托信托贷款就说明这个问题）。在已有社保基金对重庆公租房感兴趣的良好开端下，重庆市政府可以采取继续加大吸引保险资金直接参与公租房建设的力度，或者由参与公租房建设的信托机构向保险机构定向发行股票、债券、基金等可自由流通证券，间接引导保险资金参与。

（2）发行公租房股权信托基金

目前上海市在吸纳公租房股权信托基金方面走在了全国前列，2013 年 8 月瑞银环球资产管理与上海市虹口区拟设立面向虹口区公租房的私募股权基金，该基金是中国首支投资于公租房并持有其所有权的投资基金。该基金由太平资产管理有限公司提供主要的资金来源，瑞银环球资产作为投资管理人负责资金与项目的对接即资金管理，而国投瑞银公司为顾问。

重庆市政府可以借鉴上海经营，吸引保险、信托等机构投资者作为基础发起人，集资发起公租房股权信托基金。借助社会资金（保险资金和信托资金等）参与公租房建设。

（3）建立房地产信托投资基金

国务院办公厅《关于当前金融促进经济发展的若干意见》已明确指出，鼓励金融创新，开展房地产投资信托基金试点。国投瑞银基金就计划在未来监管允许及条件成熟时，将前述的面向虹口区公租房的私募股权基金转换为房地产信托投资基金（REITs），在中国内地公开上市。

目前，国务院已批准将重庆市列为房地产信托投资基金（REITs）投资保障性住房的首批试点城市。天津市已率先把存量公房资产打包成立信托基金，面向社会募集资金。重庆市应充分利用政策优势，及早建立房地产信托投资基金。

（4）以 ABS 模式融资

重庆市政府在项目管理和资本运作能力已有前期成果，可以进一步利用其在项目管理和资本运作方面的优势尝试以

ABS 模式对公租房项目进行融资。ABS（Asset Backed Securitization）是以项目所属的资产为支撑、以项目未来资产收益为保证的一种资产证券化融资模式。ABS 实质是需要融资并且拥有能够带来稳定现金收入资产的企业将该收入的权益转让给专门机构（Special Purpose Vehicle，SPV），SPV 向原企业支付相应价款后以所取得的收益权为支撑向投资者发行债券的融资过程。

ABS 模式融资的基础是能够产生稳定现金收入的资产，公租房是与政府信用相关的，且随着城镇化进程的加快，其需求量也增大；另外公租房的租金回报呈现稳中略微上升的趋势，因此是符合 ABS 模式融资的要求的。由于通过 ABS 模式融资可以在公租房建设前就可取得建设资金，比较适用于公租房的新建、回购和运营管理等领域，因此重庆市政府下一步应重点关注和尝试该模式。

3. 引导社会企业及机构投入公租房房源

要降低政府的财政压力、避免潜在的债务风险、实现公租房可持续供应，就必须改变政府在原有的在公租房供应中担任唯一建设主体的角色状况、鼓励社会机构参与公租房建设。国外在鼓励社会机构参与建设出租房方面，国外就有可供重庆借鉴的经验。以德国为例，德国政府一方面鼓励合作社、私人投资者和地方房地产公司建房提供给低收入群体，同时给予建房者多方面的政策倾斜；另一方面规定所有由合作社建造的住房必须用于出租而不能出售，而德国合作社建造的房屋数量占到全国总数的 1/3 左右，这无疑对出租房源的稳定起到重要作用。另外德国地方政府还规定，房地产开发商在建造住房过程中，必须预留一定比例的住房专门卖给或者租给低收入群体。鉴于对德国成熟经验的借鉴和学习，重庆公租房建设中可以采取以下措施：鼓励企业自建公租房用于员工住宿、鼓励集体经济组织建设公租房用以经营、鼓励开发商 BT 或 BOT 方式参与公租房建设等。

4. 加强监管实现公租房资源利用最大化

（1）降低公租房出售比例、着手研讨公租房售后监管措施

目前由于种种原因，重庆前期公租房投入巨大使得政府推行公租房出售政策势在必行，为最大程度降低公租房房源变相流失，政府应尽量降低公租房出售比例；同时，由于 2016 年为首批租户租住届满 5 年，政府目前就应着手研讨如何解决公租房出售后其保障房功能的缺失问题，并提出更为具体的公租房售后监管细则，达到既能通过出售缓解政府资金压力、同时又让出售后的房屋继续发挥保障房作用的双赢局面。

（2）建立多方位的监管体系

公租房管理局应及时根据公租房入住规模调整各个区县分支机构的人员配置，使公租房监管工作首先具有人力保障；进一步完善房管、公安、民政、社保、工商数据共享的管理信息的示警模块建设工作；在条件允许的情况下可以尝试与银行共建公租房租户消费示警系统，按年度或半年评估租户的消费水准，超出正常水准的可以进行下一步的家庭收入状况督查，及时剔除不合格的租户；充分发挥公租房社区居委会等机构的作用，通过其对所辖租户的反馈情况，对疑似不

符合条件的租户进行相应的排查；建立监管投诉信箱和奖励基金，鼓励租户投诉区内不符合条件的租户，经核实后按规定进行奖励。

三、引导社会力量可持续参与的对策

1. 改变政府为公租房唯一投资主体的模式

目前重庆政府作为唯一投资主体进行公租房建设，使得重庆市公租房推进工作迅速、实施成效快。但在后续的推行过程中，还应充分考虑到在公租房建设中面临的巨大财政压力，改变政府为公租房唯一投资主体的模式，充分调动社会各方的参与热情。

（1）企业及集体经济组织自建公租房

鼓励各单位利用自用土地建造公租房，如大型企业、园区企业自建公共租赁住房并用于解决本企业职工住房需求的公共租赁住房，自建方式可以采取企业独建、企业抱团合建等方式。允许、鼓励企业利用符合土地利用总体规划和城市建设规划的自用土地建设公租房；允许、鼓励集体经济组织利用集体建设用地以投资、参股、出租等方式参与建设和经营公租房。

为防止前述自建公租房在使用中未投向公租房保障对象成为内部变相“福利分房”、造成公租房资源流失，因此，对于配租人群仍然实施统一管理，严格考核配租对象的准入资格，在达到准入资格的前提下优先将单位自建公租房资源配租给这些单位的员工，剩余的房源则纳入对象不确定的政府统筹配租中；而对于集体经济组织利用集体建设用地建设的公租房，则纳入对象不确定的政府统筹配租中；企业自建公租房也要执行公租房统一租金标准。对于单位自用的公租房，企业可以考虑给予员工另行经济补贴。

同时，为了防止此类公租房变成商品房、小产权房流向市场，应出台相应的政策要求不得出售或以租代售。这类公租房的产权属于企业或集体整体所有，只有一本产权证，不能分割出售，没有住宅产权证。

（2）房地产开发企业 BT 或 BOT 等方式参与公租房建设

企业受政府委托参与公共租赁住房建设或运营管理，并获得合理的利润。房地产开发企业参与公租房建设可以采取两种方式：一是采取 BT 或 BOT 模式，由企业垫付项目建设资金进行项目建设，项目建成后交付给政府，或按约定协议年限经营后交付给政府，政府在规定年限内偿还房地产开发企业建设资金和利息、利润；二是采取代建模式，政府划拨土地，企业垫付项目建设资金进行项目建设，由政府对企业建设和运营公共租赁住房的贷款进行贴息，减免一定的税费并在行政审批上给予相应的优惠政策，企业与政府约定在剔除各种成本的基础上、确定一个较低的投资回报率，由政府进行回购。

（3）鼓励公租房建设企业长久持有公租房

为降低 BT 或 BOT 方式政府对于公租房的回购压力，在条件允许的情况下，可以鼓励公租房建设企业长久持有公租房。但由于受企业的盈利特性所趋，企业长久持有公租房的积极性在于是否拥有长久持有的盈利机制，因此政府应积极去探寻如何激励企业长久持有的相应机制。

2. 寻求企业参与公租房的盈利机制

目前公租房建设存在这样的矛盾：建设公租房需要大量资金，不承诺一定的资金回报率就很难吸引社会资金的加入。但是，资金回报率高了，公租房的租金水平就不会低，会导致公租房空置率偏高。空置率高使得租金收入减少，预期的资金收益率就很难实现，会进一步影响公租房建设。如何破解这种矛盾，是后续吸引企业参建公租房的难题。同时，公租房项目融资难也是制约社会力量参建公租房的问题。

2010 年 9 月，财政部和国税总局下发《关于支持公共租赁住房建设和运营有关税收优惠政策的通知》，减免了契税、印花税、城镇土地使用税、房产税、营业税和土地增值税六种税收。10 月，财政部、国家发改委、住建部三部委联合下发《关于保障性安居工程资金使用管理有关问题的通知》，明确利用贷款贴息和计提土地出让净收益 10%等政策引导社会发展公租房。2010 年 6 月，七部委联合出台《关于加快发展公共租赁住房的指导意见》明确了融资途径，但由于公租房不能出售、租金低致使资金回笼慢，金融机构迫于商业回报考虑对其融资并不积极。虽然政府在如何吸引社会力量参建公租房方面政策有所支持，但这些政策对于破解前述矛盾力度尚不够。要寻求社会力量参与公租房的盈利机制，需要从参建和长期持有两个方面来进行考虑，实行利于社会力量参与公租房的“三轨并存”制（图 4.19）。

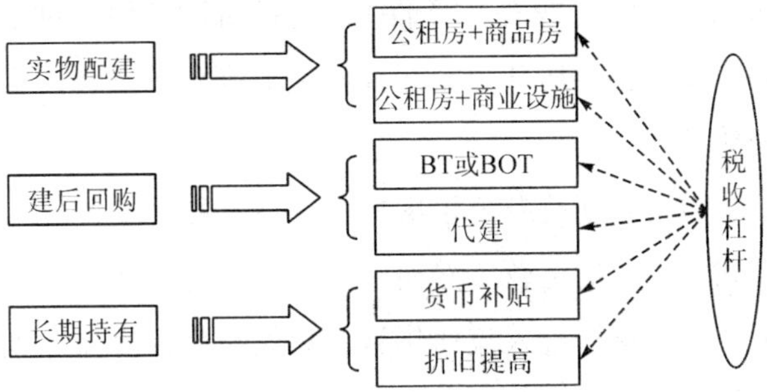

图 4.19　吸引社会力量参与公租房的“三轨并存”制

对于社会力量参建公租房，需要解决的问题是投资回报率和建后的退出问题。①投资回报率问题：正如前面公租房建设的矛盾所述，投资回报率高后，公租房的租金水平就不会低，公租房的空置率偏高，达不到公租房为特定人群提供的保障功能。但是，投资回报率又是社会力量参建公租房无法回避的问题。如何解决这个问题，其实可以从整体回报率来进行通盘考虑。在吸引开发商介入公租房建设方面，配建是一个很好的手段，通过将公租房土地与商品房开发土地统一打包出让，开发商从商业运作项目通盘进行考虑其投资回报率，就能规避仅仅将公租房独立开来考虑投资回报率问题。如果公租房土地无法与商品房开发土地统一打包，则可以考虑在项目中配建一定数量的商业配套设施来进行平衡，以增加单独的公租房项目的投资回报率。到底要配套多大数量的商业配套设施，需要按企业预定的投资回报率来进行测算。②建后退出问题：对于建后不愿意长期持有的社会企业，政府应着手研究如何允许其退出的政策。政府可以约定退出期和退出收益条件（或补偿条件），或者回购条件。对于已享受商品房配建公租房和公租房配建商业配套的项目，实行无偿移交政府。

社会力量长期持有公租房将会在最大程度上发挥市场作用参与到公租房的运营。然而，由于公租房的特殊性使得其不能像商品房那样进入流通领域，只能在公租房保障人群内封闭出租流转，同时由于公租房的租金采取的是政府定价而非市场定价，影响到长期持有公租房的社会力量的投资回收期。要解决这个问题，主要应从公租房租金入手，解决投资回收期问题。然而如果仅仅是直接提高租金，又会出现公租房空置的问题，反而会导致投资回收期增加。政府针对此类矛盾不妨借鉴美德等国的政策，对于社会力量建设的公租房租金实行货币补贴，使其接近市场租金来增大投资回报率。

3. 增加吸引社会机构参与建设公租房的手段

首先，政府可以采取公租房配建商业价值高的商业物业，来增加对社会机构建设公租房的吸引力。目前重庆市政府委托重庆城投集团和重庆地产集团两家国企作为建设主体，并给予相应的优惠政策，其中之一就是配建一定比例的商业物业。目前重庆公租房是按10%的比例配建商业配套的，该商业物业出售收入是用来归还贷款相应本金的。在此基础上，政府可以沿着这个方案继续拓展思路，若将公租房配建商业配套的比例论证到一个合适的比例，让其他企业也能算得过投资账和收益账，则能够实现既能满足政府公租房建设实施任务要求、又能吸引更多的社会机构参与公租房建设的目的。

其次，可以在公租房建设相邻区域规划配置商品房项目，允许社会力量按相关程序“招牌挂”后获得统一的开发建设权。公租房社区的特点是由于需求旺盛，容易在短期形成较高的入住率，利于地处偏远地块的早日成熟，容易拉动相邻地块的成熟度，对于有资金实力或后续有资金来源的社会企业有吸引力，它们可以采取先建设公租房，通过公租房人流来带动相邻的商品房项目地块的成熟度，待时机成熟后进行商品房项目的开发；而从政府角度，可以针对偏远地块的公租房社区+商品房社区的项目实行相应的政策，企业可以在获取公租房社区建设权的同时获取相邻商品房项目土地，但要求先行修建公租房社区。由于商品房国有出让土地获取后的动工时间有严格，考虑到由于先行修建公租房的特殊性和地块的成熟度问题，政府可以允许将动工时间延后到合理时间并后写入土地出让合同中。

最后，政府可以深入论证考虑公租房建设的相关税费优惠政策，减少税收，对所得税、财产税、土地转移税和交易税等，均以较低税率向参与公租房建设的机构征收；同时对公租房出租的折旧率也可以适当提高，这样通过一定的税收优惠杠杆可以一定程度上吸引社会机构参与进来，达到鼓励其他机构为公租房建设出力的目的。

四、化解干扰因素改善后续实施效果的对策

前述有关公租房干扰因素的相关检验及回归分析结论有

利于挖掘重庆公租房执行效果干扰因素，主要体现在两大方面：一是减少弃租原因可以使租户忠诚度提高，二是减少现行公租房运营中不合理原因可以减少使用者的投诉，而这两方面的又有利于使用者对公租房执行效果的认可。因此，重庆公租房建设就必须满足以下要求：交通便捷、公租房面积宜居、配套完善、室内装修及设施质量可靠、租金能够承受、物管费的收取与服务的提供水平性价相符，同时应积极调动社会力量参与公租房建设，特别是有条件的企业自建公租房并用于解决本企业职工住房需求（图 4.20）。具体对策如下：

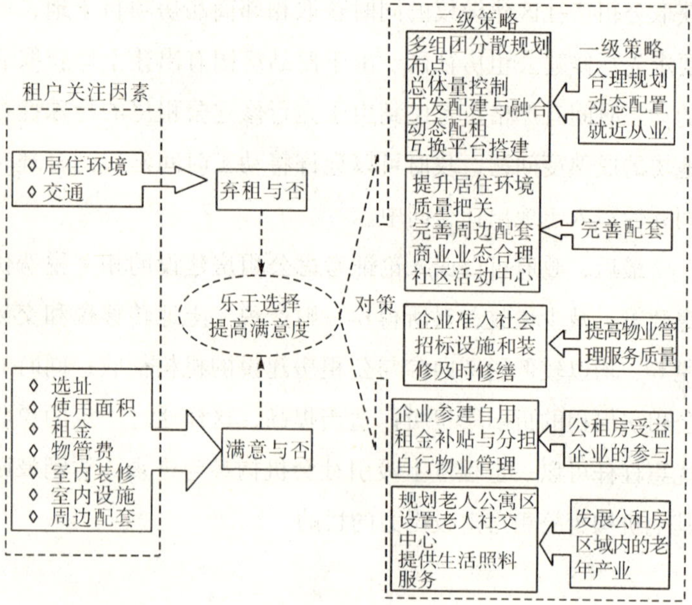

图 4.20 租户关注因素及一揽子解决解决方案

1. 重构原有建设模式，减少集中选址

通过前面公租房租户关注因素分析可见，交通困扰是租户弃租的重要原因之一。重庆公租房建设种采取的是政府为唯一投资主体、委托国有的集团公司和区县政府性投资公司为建设主体的模式。这种模式的采纳必然会带来两方面的问题：一是政府的投资压力大，二是往往采取集中修建的方式。根据重庆公租房信息网公布的主城区公租房相关数据（2004年12月），主城100万平方米以上规模的公租房小区其建设规模就占了主城区公租房建设规模的74.1%（见图4.21）。超大规模的公租房小区必然影响到项目选址，为满足规模容量需求，政府往往在偏离城区的近郊进行选址集中修建。即使政府引入公交和轻轨，但是难免有换乘过多问题，造成使用者交通不便。另外，由于集中选址小区规模过大，存在中低收入人群大量群租，这一群聚性也增添了相应的社会治安

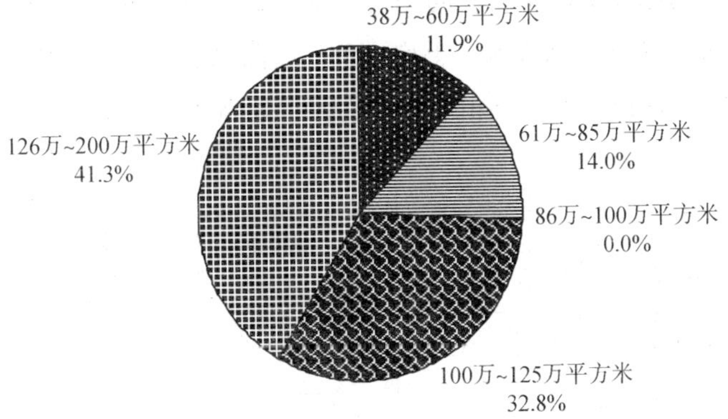

图4.21　主城区公租房小区规模构成

数据来源：重庆公租房信息网（2014.12）

问题。在课题组投放的调查问卷中，有19.35%的人群认为其租住的小区“安全”、3.23%的人群“不知道”、77.42%的人群认为“不太安全”，有租户在调查中反映其租住楼栋有吸毒或有前科的人员、小区安全问题值得关注。

要减少集中选址的问题，根本解决方案是重构原有公租房建设模式，将政府单一投入变为社会机构共同参与，采取“指定国有建设主体+社会力量参与建设”的多元供应模式（见图4.22），该模式执行时应减少原有政府指定国有建设主体建设的数量，大量引入社会力量参与到公租房建设中。由于社会力量的参与，政府相关部门在规划时可以考虑采用多组团规划布点、增加公租房的布点、控制公租房集中修建体量规模。公租房布点数量的增多和分布覆盖范围增加，可以方便租户根据工作生活需要就近选择租住地点，解决交通带来的困扰，同时也避免因公租房小区规模体量过大而带来的治安问题和贫富分区的问题。另外，也可利用从中高档住宅市场“过滤”出来的二手房、危旧改造房、空置房等作为公租房，可以避免因公租房集中修建引发的“贫民窟”现象。

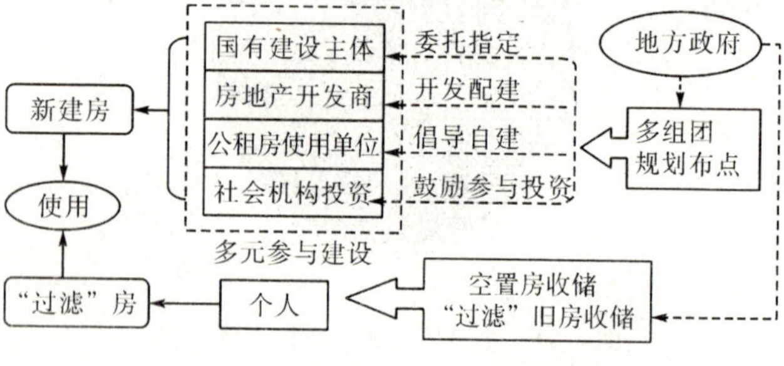

图4.22　公租房供应模式重构示意图

重庆市政府可以借鉴外地经验，在普通商品住房项目或“三旧”改造项目中强制推行配套建设一定比例的公租房；同时倡导愿意将资金投入到员工住房建设的企业建设公租房给员工自用，员工租用公租房的资格仍然由公租房管理机构统一审核。鼓励符合条件的大中型企业、园区企业、社会机构均可参与投资建设公租房，政府可以采取对投资的公租房的折旧率适当提高、减少企业及机构的相关税费等政策以吸引企业参与公租房建设。

2. 扩大换租范围，建立互换信息平台

2013 年 12 月重庆市启动公租房换租工作，换租主要针对租户人口增减后换租相应面积户型的房屋，该行为能够较好地解决了调查中 22.85%的使用者对于使用面积是否满足家庭人口变化需要的问题（见图 4.23）。但是，我们也从公租房弃租原因模型中看到交通距离引起工作和居家不便是造成弃租的主要因素（弃租模型：弃租原因=0.34×以前居住环境与现在对比+0.324×交通距离），而目前换租并没有涉及租户因工作变动、居住工作距离变大而引发的换租需求。因此，管理机构除满足人口增减而引发的换租需求外，还应扩大换租范围，将换租范围扩展到因工作变动居住工作距离变大而造成的交通问题困扰的租户，进一步解决交通距离对公租房执行效果的干扰。

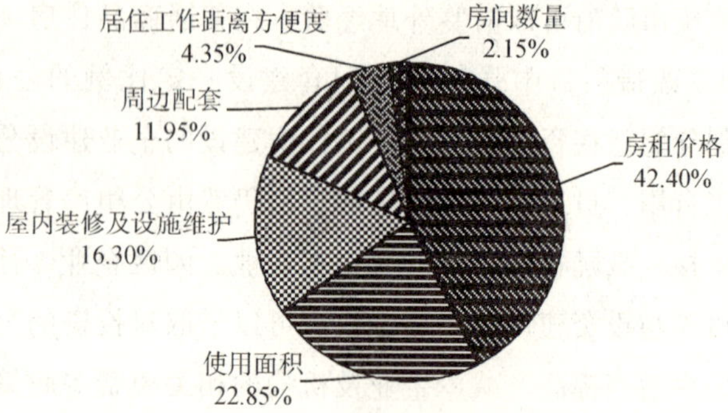

图 4.23　使用者对公租房关注因素的频度构成

将换租范围扩大将对于房源的需求也会大大增加。在房源稀少的情况下，为增加换租的成功率，管理机构可以建立公租房调换的信息平台，允许租户将换租需求在平台上发布并提供现居住房源信息，该平台将成为有互换房屋需求的租户之间的桥梁。公租房管理机构不需再向换房需求者提供新的房源，一切将由租户在平台上自行进行匹配，达成互换意向后双方向公租房管理机构提出申请。管理机构对互换进行监督，对符合条件且不违背相关政策的互换给予许可（见图 4.24）。

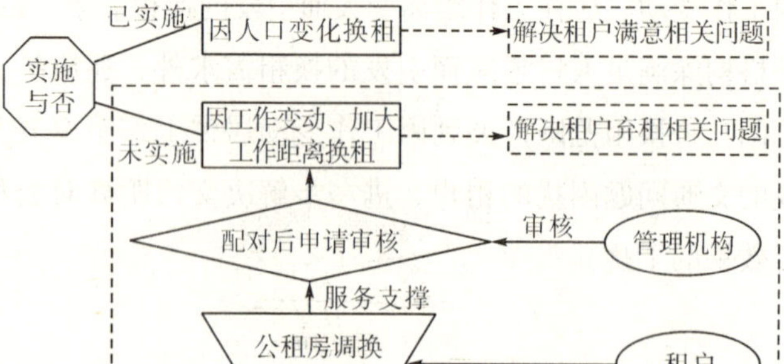

图 4.24　公租房换租范围与互换信息平台构架执行示意图

3. 完善社区配套、提高物业管理服务质量

通过“对公租房关注因素的多选项综合频数分析”可见，11.95%的使用者关注公租房的周边配套（图4.23），而在对目前商业设施业态档次是否与公租房用户需求相匹配的相关调查中显示（图4.25），有56.45%的公租房租户认为目前商业业态情况与需求相匹配，但是仍然有43.55%的人认为业态配置不合理、消费偏高档以致平时很少去。而在对街边摊的调查中，38.03%的租户认为街边摊相对商业设施配置的业态来说“消费低、方便住户”。这些有关周边配套完善与否的数据也将影响到公租房的执行效果。

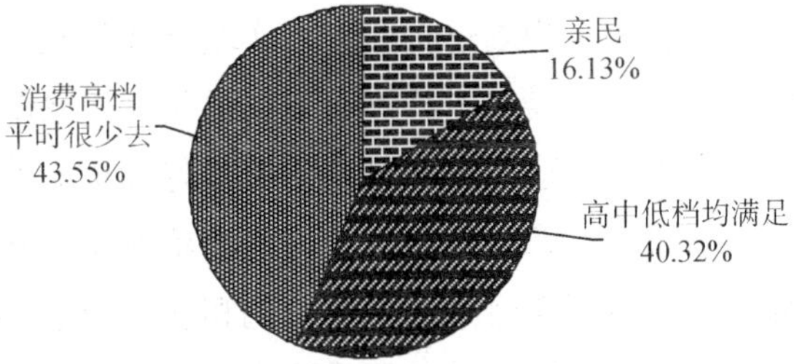

图4.25 租户对公租房商业业态档次的认识

通过“使用者认为现行公租房运营不合理原因的多元回归分析”所生成的模型可见，使用者选公租房首要关注问题是否满足、现行物管费是否性价相符将影响使用者对公租房运营效果的看法。而在“对公租房关注因素的多选项综合频数分析”中可见关注“屋内装修及设施维护”因素的使用者占了16.30%（图4.23），有相当数量的租户反映物业管理服务水平欠佳、服务不及时（特别是维修服务，图4.26），这些情况都将会影响到公租房的执行效果。因此，完善社区配

套和提高物业管理服务质量也是提升公租房执行效果的重要策略。具体如下：

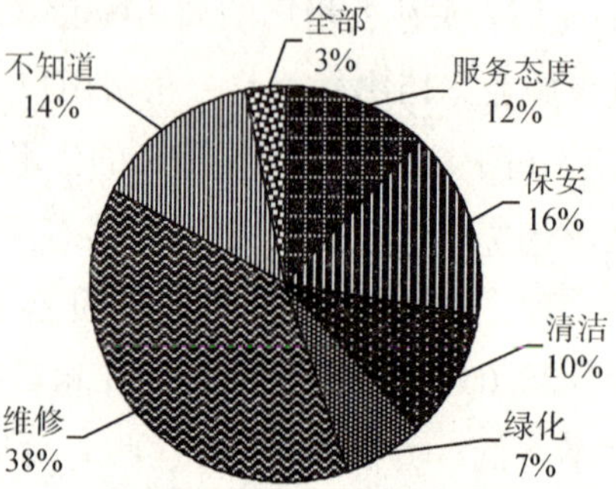

图 4.26　租户认为物业管理服务欠佳之处的情况构成

首先，在公租房规划过程中应切实结合从业人员的衣食住行及休闲、娱乐等需要进行配套设施的规划。除配建一定比例的商用房外，还应研究租户的消费偏好和消费水平，在对商户招商过程中有意识地引进相应的商业业态，并对商户经营过程中的转租现象运用前期签订的租赁合同进行控制和合理引导，对不符合规定的转租采取准入限制；不仅仅简单地通过配置居住区基本运动设施、修建集中广场等方式来满足租户的休闲娱乐需要，还需要切实利用社区活动中心、运动场所开展丰富多彩的社区活动、加强邻里和谐关系；合理配置幼儿园、中小学、农贸市场，引入平价超市，引导街边摊进入集中经营场所等；鼓励商家企业招聘培训公租房区域内的生活困难或下岗职工，为公租房社区居民创造就业机会，政府有关部门可以根据商家企业解决社区困难人员或下岗职工数量给予相应的扶持政策。

其次，重视室内装修和室内设施的质量把关。加强施工队伍的筛选和施工过程中的动态管理管理，重视隐蔽工程的中间验收程序，对厨房设施、水管龙头、电线插座等易损坏和易出现问题的设施及器材加强采购管理；要求公租房物业管理机构配置足够数量的维修人员，及时对设备设施进行修缮和维护，公租房租金收益机构与物管公司应首先理顺公租房维修费用的承担主体和开支程序，减少“踢皮球”的现象。

最后，重视保持物业管理服务水平。物业管理公司的选用采取社会招投标方式，签约时间不宜过长，公租房管理机构应定期了解物业管理公司服务情况，对服务不合格的物业管理公司及时提出改进意见并监督执行或予以解约。公租房管理机构应鼓励租户成立“租户管理委员会”参与社区的管理，加强与物业管理企业的沟通，督促物业管理服务实施效果，增加全区业主与物业管理公司互信。

4. 鼓励公租房受益企业参与建设与运营、引导企业承担社会责任

目前重庆大中型企业、特别是工业园区的从业人员中有相当数量的人员符合公租房准入条件，重庆市政府已经尝试在西永微电园规划建设总规模达到297.6万平方米的公租房。对于这些大中型企业和工业园，政府可以考虑整合企业资源、发挥企业参建公租房的优势。具体如下：

首先，鼓励符合条件的大中型企业和园区企业参与公租房建设。鼓励愿意将资金投入到员工住房建设的企业建设公租房给员工自用，员工的资格仍然由公租房管理机构统一审核。政府可以考虑对参与公租房建设的企业给予相关税费优惠，同时对出租公租房的折旧率也可以适当提高，以吸引企业参与。

其次，通过前述分析可知，公租房租金是租户最关注的因素，而通过调查大多数租户认为目前公租房租金过高。基于这种状况，大中型企业和园区企业可根据企业经营状况和员工收入情况对承租公租房的员工提供不同档次的租金补贴，这样一方面可减少员工租金压力，另一方面也体现了企业福利、增加企业归属感。

最后，对于企业参建并主要提供给自有单位工作人员租住的公租房小区，可以鼓励企业自行承担物业管理工作，将物业管理纳入企业后勤管理中，这样一方面可以明确维修主体、减少公租房维修“踢皮球”的现象，另一方面可以通过企业对后勤的补贴来降低物业管理费收费标准，使租户受惠，提高租户的满意度。

5. 关注公租房老年群体、发展公租房区域内老年产业

通过对多个公租房社区使用者随机投放调查问卷统计情况来看，大于 50 岁的占人员结构的 38.44%（见图 4.27）。这是与当前中国已经进入人口老龄化快速发展阶段有关的，数据显示 2012 年年底中国 60 周岁以上老年人口已达 1.94 亿人，2020 年将达到 2.43 亿人，2025 年将突破 3 亿人。而在调查中发现对公租房租户中占相当比例的老人群体所关注问题呼声也较多，加上上中国前期实施的独生子女政策使得独生子女家庭呈现“421”和“422”结构，家庭养老压力越来越凸显。我国政府明确未来将以多种途径应对养老问题，初步提出了“以居家养老为基础、社区养老为依托、机构养老为辅助”的模式设想。根据发达国家的经验，对老人采取“居家+社区照顾模式”将会有效解决这一问题，这种模式融

合了传统的家庭养老和集中院舍养老的优势。因此，在公租房社区建设和服务中可以借鉴采纳，重庆市公租房运营中出继续发挥已有的对于养老群体的关怀政策外，还可以从以下几个方面予以继续完善（见图 4.28）：

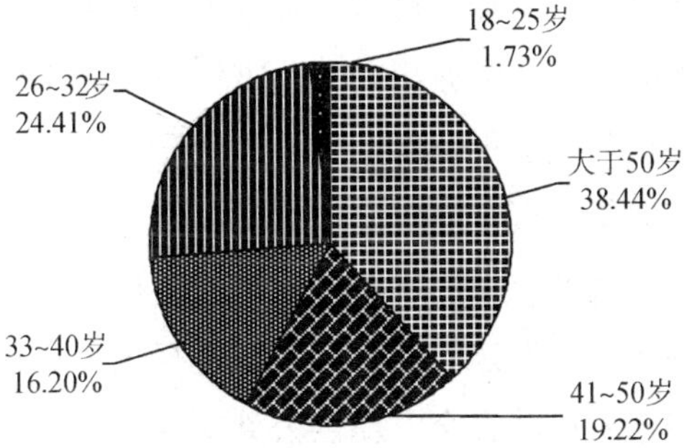

图 4.27　公租房被调查人员年龄构成情况

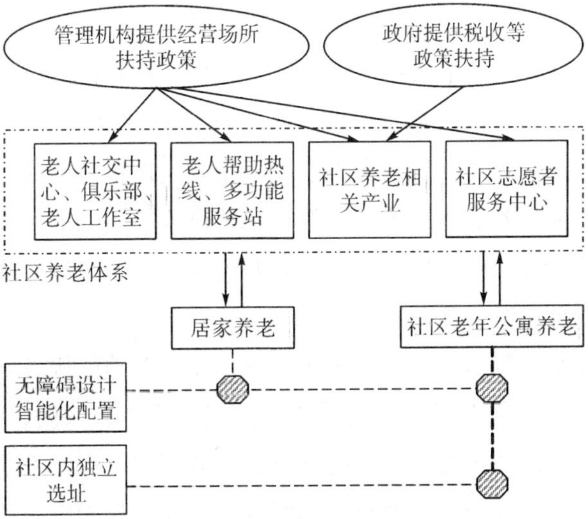

图 4.28　针对老年群体的公租房社区养老体系设置示意图

首先，在公租房社区内规划设置老年公寓区，提供给那些未与子女同住的老人租住。老年公寓的设置要结合老年人的自主能力来进行，其中以独立型和服务型老年公寓为主，护理型老年公寓根据社区规模来确定是否设立，往往在大型集中性居住的公租房社区设置。独立型老年公寓针对具有独立生活能力的老人，服务型老年公寓针对具有半独立生活能力的老人，护理型老年公寓针对需要全天照料的老人。

其次，老年公寓在规划设计的时候要考虑到老人的心理和生理特点，选址应靠近基本的社区公共设施，同时远离喧闹的文娱场所。在设计的时候应采取进行无障碍设计、注意人车分流与老人行动安全、提供公共交流空间等。另外，由于老年人行动不便、反应迟钝，可以在加重安装紧急呼叫设备、防盗设备、媒体泄露报警装置、漏电保护装置等智能化设备。

再次，设置老人社交中心或俱乐部，为老年人提供娱乐、社交的场所，同时通过组织开展一些活动使老人关注社会、充实生活。也可设置老人工作室，让老人进行力所能及的工作，摆脱孤独、体现价值。除在社区设置前述功能区外，还可以在老年公寓楼中每层设置公共交流空间，通过老年人之间的交流来减少孤独感。

最后，提供老人帮助热线服务，设置多功能服务站，为老人提供日间照顾、家庭看护、烹饪、清洁、保健、护理、养生、心理咨询等服务。同时，公租房管理机构应着手引入老年相关产业作为对老年群体服务的支撑。政府应对从事老年产业的主体给予税收减免、提供低租金经营场所等扶持政策，以扶持区域内老年产业的快速发展。另外，应充分鼓励社区服务机构和居委会发挥作用，借鉴香港等地的“义工”模式，引导在公租房社区内形成义工或志愿者队伍的形成，提供对老年群体心理慰藉和帮扶等服务。

五、重庆案例对于中国公租房可持续运营的启示

1. 政府作为唯一投资主体的模式具有局限性

重庆采取的政府作为唯一投资主体的模式具有一定的时期特殊性，在保障群体住房短缺问题较突出时期，能够通过政府干预行为快速完成中央政府要求的公租房供应计划，且能保证按时间进度提前完成供应数量，在民生政绩实施上有魄力体现。然而这种模式最直接的问题是财政投入大，对于地方财政宽松的省市来说尚具备实施性，然而对于本身地方债务就凸显的省市来说，这种模式只能加剧地方债务压力，并不具备可持续性。

根据审计署 2012 年、2013 年对地方政府债务公告的结果，2012 年地方政府债务达到最高，直接负有偿还责任的债务近 20 万亿元，如果算上负有担保责任的债务 2.49 万亿元和可能承担一定救助责任的债务 3.77 万亿元，总计约 26 万亿元之巨。随着中央政府和金融监管机构对于地方债务的监管力度加强，到 2013 年 6 月债务状况有所改善，地方政府负有偿还责任的债务下降到 10.9 万亿元。尽管如此，未来几年到期债务规模依然很大（见图 4.29），如何化解违约风险是中央政府和地方政府考虑的当务之急。因此，政府作为唯一

投资主体的模式在地方债务规模较大的情况下具有局限性，虽然目前操作实施魄力较大，但是不适宜在后续公租房实施中采纳。

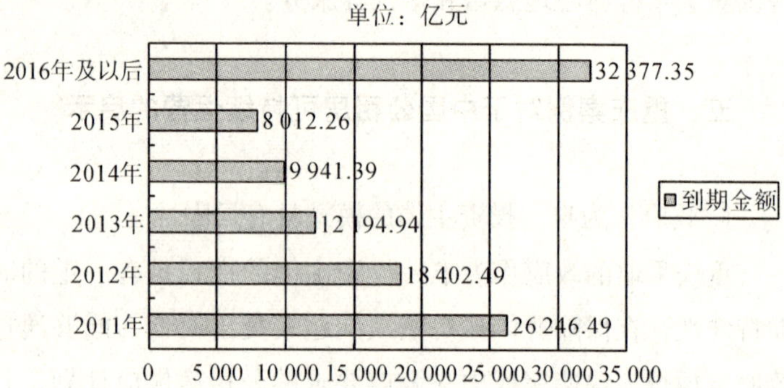

图 4.29 地方债近几年到期时间情况

数据来源：赛迪经智 城市投融资咨询中心

2. 引导社会力量参与是良性发展的前提

福利分房时代由政府或国有企业提供的“老公房”政策曾由于政府的全面包揽使得中国的住房体系呈现单一僵化的色彩，同时也给政府和企业带来了沉重的负担。现有公共租赁房的运营应避免再走老路，要实现良性发展，应该采取“政府主导+市场运行”的思路（见图 4.30）。由于公租房具有准公共产品和社会福利与保障的特点，具有完善租赁房结构、丰富租赁房的品种、稳定住房租赁市场发展的作用。为避免走福利分房时代“老公房”中政府大包大揽的老路，政府在模式构建上应采取政府统筹与市场机制兼顾的模式，通过投资、土地、财税、金融等方面的政策支持，引导社会力量共同参与公租房的投资建设和运营，多渠道、多方式筹集资金和房源，真正吸引市场力量介入到公租房的建设中来。

由于公租房的准公共产品特性使得参与者的利润不高，要吸引社会力量参与到公租房运营首先要解决盈利机制问题。中国公租房推行时间不长，目前盈利机制问题在国内各地公租房建设中均属重点探寻问题，也是各地政府尚未论证和构建完成的重点问题。针对此类问题，我国可以借鉴欧美发达国家的相关经验，将公租房纳入整个住房政策体系来进行统筹考虑，真正实现具有盈利机制的公租房运营；同时，在监督制度方面借鉴欧美相关经验进行完善，避免权力部门和垄断企业在公租房市场运营中利用其特有资源获取利益。本书将在第五章将介绍欧洲发达国家相关经验以供参考借鉴。

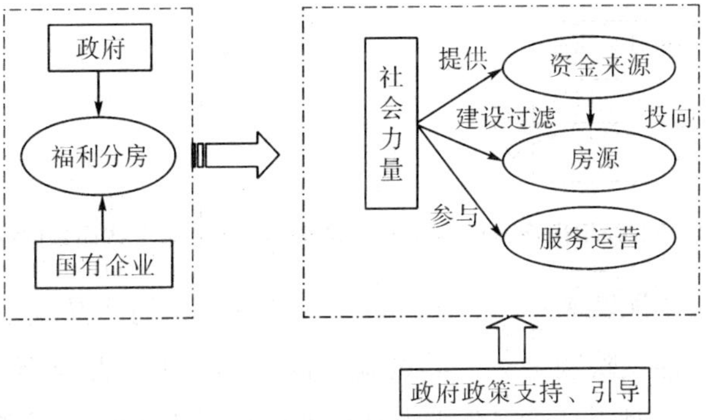

图 4.30　福利分房模式向公租房现有运营模式转型示意图

3. 减少执行效果干扰因素是健康运营的根本

公租房是一种产品，是带有准公共特性的产品。菲利普.科特勒以现代观念对产品进行界定——“产品是指为留意、获取、使用或消费以满足某种欲望和需要而提供给市场的一切东西”。公租房作为产品也存在产品策略，政府在公租房政策中，也需要首先明确提供什么样的产品和服务去满足消费者的要求，也就是要解决产品策略问题。通过对公租房的研究，我们可以发现公租房的产品属性中，起决定作用的主要因素有需求因素、消费者特性、价格档次、社会属性、安全属性和法律政策。将这些因素进行深入发掘和细化，并针对消费者进行满意度调查后就会发掘出执行效果干扰因素（见图 4.31）。

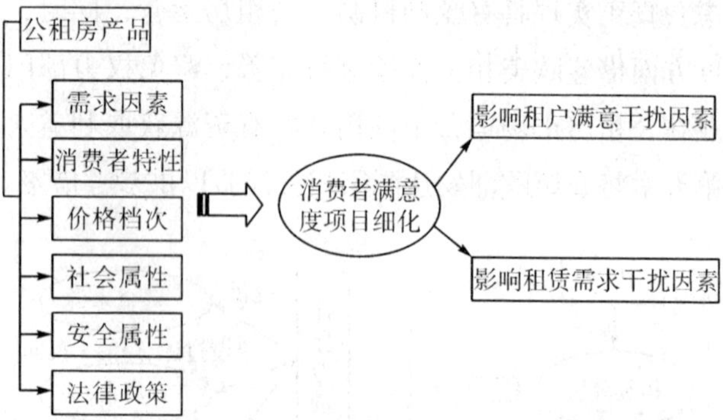

图 4.31　公租房产品属性的影响因素与执行效果干扰因素的提炼

评价顾客满意的程度，首先要建立一组与产品或服务有关的、能反映顾客对产品或服务满意程度的产品满意项目。由于顾客对产品或服务需求结构的强度要求不同，而产品或服务又由许多部分组成，每个组成部分又有许多属性；如果产品或服务的某个部分或属性不符合顾客要求时，他们都会作出否定的评价，产生不满意感。这些不满意感相关联的因素进行筛选后，就会得出公租房执行效果干扰因素。若干扰因素在公租房运营中没有予以妥善解决，会引发租户对于公租房的认可度和接受度，也会影响到潜在使用者对于公租房产品的采纳程度。从更深层次来看，将会影响到政府推行公租房政策的使用者接受度和认可度，关系到后续的健康长远运营。因此，中国公租房政策的推行应在运营中及时发现问题，减少影响执行效果的干扰因素。

4. 资源的有效利用是实现可持续发展的保障

公租房运营涉及的相关资源类别较多，除了公共租赁房本身外，还涉及土地、资金、住房体系中的房源等。要实现公租房运营的可持续发展，就需要对前述资源的有效利用：

首先，要保证已有的公租房资源能够得到有效利用，使其配租给目标用户而不会中途流失，要加强对于公租房使用状态的监管，确保公租房资源能够有效利用。公租房租后出售方式虽然可以一定程度缓解地方住房公租房投入的财政压力，但有将公租房变为经济适用房之嫌，可能引起公租房资源的流失，这一点需要地方政府引起重视，同时要考虑后续的公租房需求以及房源供应问题。

其次，要高效利用土地资源。公租房用地的容积率不能过低，特别是位于周边配套成熟地段的公租房用地。在选址规划方面要考虑通过分散布点来提高覆盖范围，以减少交通资源的耗用。

最后，合理利用原有住房体系中的社会房源。社会房源是除新建投入公租房房源之外的另一个重要来源，各地政府应从住房过滤理论的角度去思考如何将社会过滤出来的房源应用到公租房供应体系中来，探索出能与之配套的相应政策作为支撑。

第五章　中国公租房可持续发展之路探索

第一节　英国、德国及美国住房政策经验

一、住房市场中的国家干预

欧美各国认为国家应介入住房市场，主要是由于以下原因：首先，住房和普通的私有财产不同，很难实现消费者主权；其次，如果把住房完全托付给市场，市场的外部危害将会放大，政府的干预是不可或缺的；最后，政府对住房市场的介入是公民权本身的要求。余南平在其编著的《欧洲社会模式——以欧洲住房政策和住房市场为视角》中将政府介入住房领域的解决方式进行了归纳，将其归纳为两类：一种是英国为代表的以自由市场为原则的国家凯恩斯干预主义——以国家提高公共住房为主要手段的国家住房社会政策；一种是德、法、荷为代表的欧洲大陆法团主义模式——偏重社会机构，依靠第三方社会组织，在政府税收、贷款优惠政策支

持下解决住房问题。这两种模式都强调了住房供给方面的国家作用，而在住房需求补助方面，各国在第二次世界大战以后开始真正实施买房国家援助的社会政策，第二次世界大战后欧洲各国都通过税收抵扣政策改善住房情况，在有了一定成果以后（20 世纪 70 年代以后），各国住房补贴的政策开始转换。以前对于住房的补贴方式被称为“对砖瓦和泥浆的补贴”（即无论租房还是买房均以住房建设为主），但当住房建设过剩、空置率达到一定比例时，各国开始帮助那些住房费用超过了在生活费中所占比例的家庭，即“补人头”，并从房租管理政策开始向房租补贴政策演变。到了 1980 年前后，各国政府在住房支出结构中，住房补贴比例为：法国 22%、德国 9%、荷兰 27%、瑞典 24%。甚至连美国在 20 世纪 80 年代后也削减对低收入层的住房建设补贴抵偿、引入住房补贴政策。

目前欧洲各国无论国家社会模式和历史文化差异如何，在住房政策的国家干预手段上主要采取 6 种手段：最低居住条件的保障、房租管制政策和对租赁权的保护、公共出租房的建造、对社会出租房的国家援助、为鼓励买房进行的税收抵扣、住房补贴的支付。在具体实施过程中，各国根据自身情况选择主要的几种手段进行组合，这 6 个政策均经过历史考验，是具有实践价值的政策工具。

二、英国住房福利政策沿革及措施

第二次世界大战后英国面临严重的住房短缺状况，政府开始积极建设公有住房出租给普通市民。1945 年到 1975 年之间，英国政府直接新建了将近 390 万幢房屋以低廉的租金出租给普通居民。在 20 世纪 60 年代，年租金只是相当于当时房价的 1.1%，公房居民的房租支出仅占收入的 10%。但这种由政府直接建房出租给居民的方式着两大问题——不能租住公有住房的家庭不能得到同等的福利待遇的问题，以及不同收入家庭可以享受同样福利的问题。为了应对此问题，英国政府 1971 年提出了“公平房租”的概念。所谓“公平房租”就是将公房租金与市场的租金水平保持一致，为了充分保障低收入家庭有房可住，英国政府制订了“标准住房福利标准”。对刚好处于这一标准的家庭，政府会给予一定的住房福利，减免房租；对低于这一标准的家庭，政府会适当增加住房福利；对高于这一标准的家庭，政府则会相应减少住房福利；对于少部分不能租住公有住房的家庭，政府给予相应的福利住房补贴。通常采取的形式是现金补贴，政府在审查申请者的经济情况之后，根据当地的市场房屋租金水平，将适当的现金补贴直接交给申请者的房东，避免了申请者将补贴用于其他用途。

1979 年之前，英国住房福利政策的特点是政府直接出资大量建房。1946—1979 年间，工党执政与保守党执政时期，政府建房占建房总量的比重分别为 49% 和 45.3%。最高的 1946—1951 年间，主要城市的政府建房量达建房总量的 78%。有效地解决了第二次世界大战之后严重的住房短缺问题，特别是中低收入家庭住房得以保障，在稳定了社会的同时，极大地促进了第二次世界大战之后英国的重建工作。但是，这种政府直接投入大量资金兴建公有出租房的政策也使得英国政府背上了沉重的财政负担。与此同时，这种住房福利政策还一定程度上干扰了住房市场的有效运行：由于公有住房租金相当低廉，这就使得越来越多的家庭加入到申请政府公房的队伍之中，导致公房数量在20世纪70年代末、80年代初渐渐供不应求。因为有大量廉价公有住房的存在，也就限制了私营住房部门的发展，并且影响了私人资本投资房地产市场的热情。

1979年之后，政府开始对旧的大包大揽的福利政策进行全面的改革：首先是鼓励私人购买住房、公有住房私有化；其次是大规模的消减公共开支，减少住房补贴。①租住公房的住户，住满两年后即有权以优惠折扣价格购买所住的公房。优惠折扣起点为房价的30%。居住两年后，每超过一年再减房价的1%，住30年公房的房客则可以60%的优惠折扣购房，但优惠折扣最大不超过房价的60%。居住条件差的公寓式套房，买房折扣更大。居住两年后可以优惠房价44%，以后每超过一年再减房价的2%，但是最大优惠折扣不超过房价的70%。另外，公房购买人还可申请购买一套住房的部分产权，其余部分仍然租用，等收入增加后再买下整套住房。为了防止居民利用廉价的公有住房进行谋利，英国政府规定，居民必须在购买公房并居住5年之后方可流转进入市场。公房出售之后，住房内部的修缮费用由购房人负责，公共部位维修费由住户分摊，住宅区内的道路、路灯及其他公共设施的维修费仍由地方政府负担。无力支付全部住房大修和改善费用的家庭，可申请政府给予一定的资助；对一些没有单独浴室、厕所的旧公房，修缮补贴可达 90%。②在 20 世纪 80 年代之前，英国有 1/3 的家庭享受不同程度的住房补贴。政府每年需要提供大量的资金进行补贴，成为福利国家的一项重要开支。撒切尔执政后开始大规模消减住房补贴，家庭收入在贫困线之下的最低收入家庭即使是扣除房租后仍然需要缴纳 20%的最低房租。地方政府可以根据最低收入家庭的特殊情况给予一定的救助。

1997 年工党成为执政党，布莱尔认为高福利体制对英国的竞争力、可持续发展及传统伦理均可能带来负面影响，认为应适当削减政府的作用，重新划定国家、社会和个人之间的权利与义务。这与撒切尔夫人执政以来的英国政府对待福利国家政策的态度基本保持一致。自 1997 年至 2007 年 10 年间，英国的住房价格增长了 200%，低收入阶层的住房短缺问题再次显露。

2008 年，英国自有住房、租住公房、租住私房的比例分别为 68%、18%、14%。英国自有住房居民比例相对于其他国家要高出许多，其中重要原因就是由于政府推行的公房私有化、财政津贴、抵押贷款减税等政策所致。

英国公共住房的建设经费来源通常为私人资本和货币市场贷款。地方当局设立贷款池，该贷款池是由个人的中短期贷款组成的。另外，住房当局的指出可以通过各种收费、中央政府的补贴、地方税收来补偿。另外自 1980 年以来，议会可以储蓄由议会住房销售来的资金，并用这些资金的存款利率来弥补一些住房开支。

到目前为止，英国住房政策的改革主要有五个方面（见图5.1）：①公房整体出售。目前大约有1/3的公房租赁者购买了现住房，剩下约2/3公房租赁者仍租住公房。为减低财政投入，政府鼓励现隶属于地方政府的房管机构改造为私人合作及盈利性质的住房协会，由住房协会整体购买现在管理的公房，并依靠租金收入对公房进行维修和管理。②房租补贴。作为非营利机构的住房协会收取的租金要低于私人出租房屋租金，但由于要承担修缮等责任，租金必须达到成本租金。由于成本租金超出原居民的承受能力，因此政府提供房租补贴。目前已转让给住房协会的住房中，70%的居民不同程度获取了政府的住房补贴。③多元文化、群体融合。政府希望不同收入、不同文化背景居民生活于统一社区，分散建房是解决众多社会问题的主要途径。因此，新的公房建设采取零星建设的方式，政府通过规划手段强制要求新的住宅建设项目必须有一定的低收入居民住房，比例为15%~50%。④发挥私营机构作用。住房协会除整体购买公房、进行售后公房的维修管理外，另一重要作用在于融资。住房协会可以通过贷款解决资金短缺问题，有利于加快公房的建设与维修资金筹措。中央政府的住房保障预算资金除向地方政府拨付外，也直接向住房协会拨付。⑤租金可承受。由于租金上涨快，政府资助建房活动仍是住房保障重要方式，以便于向低收入人群提供承受的租金。

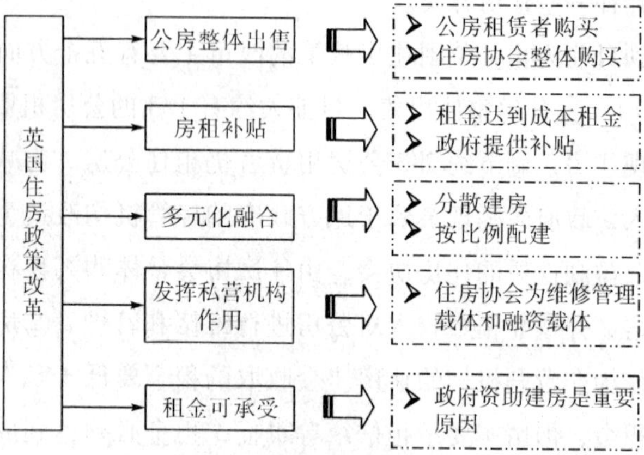

图 5.1　英国住房政策改革措施

三、德国住房政策沿革及措施

从历史角度看，德国的两个关键时期对其住房建设产生了重要的影响：时期一，第二次世界大战结束后，由于战争破坏导致住房短缺，政府把居民住房作为施政重点，由国家支持建造租金较低的福利住房，政府给予低价等优惠，还可无息贷款甚至政府直接资助。建后交政府掌管，由住房局分配。时期二，20 世纪 90 年代两德统一后住房出现较大短缺，德国政府自身不再从事房地产，而是大力鼓励私人房产公司和私人从事建房用来出售出租。社会福利房则由政府主导，房产公司和私人建造房屋来满足低收入者对住房的需求。

具体发展过程如下：第二次世界大战结束时，德国的许多城市成为了废墟，以西德为例，约 80% 的住房遭到了破坏。迫使政府采取措施解决严重的房荒问题，政府不得不实行住宅配给制度。1950 年，约 50%的家庭得到了政府配给的住房，一定程度上缓解了住房短缺的矛盾，但没有根本解决住宅供应不足的问题。1950 年颁布了第一部《住宅建设法》，推出了“社会住房计划”：首先，政府对纳入社会住房计划的项目提供投资补贴，在土地供应、贷款、税收等方面给予优惠，以鼓励社会住房的建设；其次，政府把社会住房的租金控制在符合低收入家庭负担能力的水平之内，低租金给经营者带来的损失由政府贴息和税收优惠的方式来弥补；最后，对租用社会住宅的家庭收入进行调查，进行严格资格限制，以保证社会住房能真正提供给低收入者。由于政府从供应和需求两个方面给予的鼓励和支持，极大地缓解了住房短缺的压力。

20 世纪 50 年代末，住房极度匮乏的问题已经得到基本解决，住宅政策的重点也从大规模的社会住房的建造转向了建立规范的住宅市场，重点扶持建设自有住宅。1956 年，联邦德国颁布了对自有住宅进行扶持和鼓励的第二部《建筑法》。要求联邦、州和地方政府在住房方面都要承担责任，各级政府对建房或购房者要给予补贴、贷款和减税等支持。补贴措施的出台使大量的公共资金流入了住房建设，公共资金的投入又吸引了大量私人资本，自有住房比例有了显著的提高，从 1950 年的 8%上升到 1968 年的 34%。

1960 年政府取消租金管制，致使租金水平不断上涨而大大超过居民的承受能力。1965 年，联邦政府出台了《住房补贴法》：凡家庭收入不足以租赁适当住房的公民都可以向政府提出申请，经审查合格后获得住房补贴。住房补贴，这一被视为有效的社会福利措施的出台对德国住宅市场化过程中低收入者利益的保障发挥了重要的作用，并延续至今。到80年代末，随着住房短缺问题的逐步解决，政府援助的重点更多地集中于“边缘群体”的住房需求。为解决这些人的住房，政府一方面投入大量资金在全国范围内建造福利住房，另一方面，政府还通过一些优惠的措施鼓励私人房主提供合适的住房，如为房主提供补助金、对租金进行担保、对支出超支给予担保、实行短期租金合同等。同时，政府还对房主赋予可以自由选择租户的权利。通过“市场运作，并贯之以自助为主、国家扶持为辅”的原则，对广大的各阶层人士进行住房分配，以及通过政府补贴对低收入者进行的住房援助，极大地促进了德国的住房建设和住房分配。

综合德国的住房政策，主要体现在以下几个方面（图5.2）：

①租房政策。德国的租赁市场比重大于销售市场比重，租赁市场非常发达。政府高度重视租赁市场发展，扩大出租房源，在全部租赁市场中，98%左右为私房，仅有1%～2%为政府公房出租。政府同时以法律法规保障租赁住房供应稳定。如住房合作社建设房屋只能用于出租，政府实行免税政策。开发商必须提供开发总量一定比例的住房给低收入家庭，租金与市场租金的价差由政府补贴给企业。另外住房信贷银行以无息或低息贷款给私人和开发商建造出租房，并设立租房建设基金，以低息、无息等优惠政策贷款，鼓励扶持开发商和私人新建或更新旧房用作出租出售。各地还制定“房租明镜”价目表作为参考标准，市场租金价格在价目表规定范

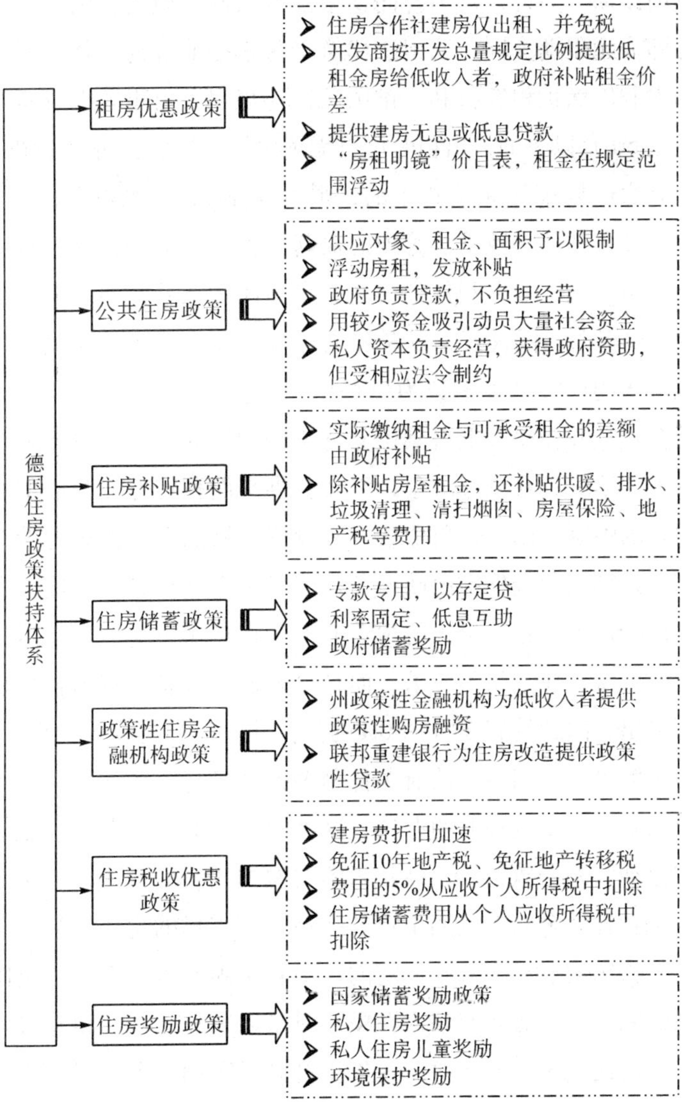

图 5.2　德国住房政策扶持体系及措施

围内浮动。另外，德国合同期限没有限制，租赁合同一旦签订即为无限期合同，德国法律对于房东提前解约进行了很大的限制以保护租客权利。德国法律还规定，出租人拥有房产数量50套以下的，出租时可以无理由拒绝租客；而当出租人拥有房产数量在50套以上的，则不得歧视性拒绝租客。

②公共住房政策。德国的福利性公共住宅是在政府资助下，由个人、非营利住宅公司、自治团体建造，向多子女家庭、残疾人、低收入者以及养老金少或领救济金的居民出售或出租的住宅（大多数为出租房），包括大中型企业用自有资金建造并在税收上得到国家优惠的职工住宅。有以下几个特点：第一，在供应对象、租金及供应面积等方面政府都有明确的限制。第二，租金按住宅投资价格加上维修管理费等综合计算，租金标准由政府与承建者根据建房费用商定，大大低于市场房租，出售的房价亦低于市场房价。但由于房租低，公益性住宅供不应求，而且原来低收入者工资增长后也不退出，因此约有20%~30%的公益性住宅被高收入户租用。为了解决这一问题，政府对低租金办法进行了改革，采取了浮动房租，发放补贴的办法。这种同时采取房租与工资收入相浮动的办法执行后，高收入者要缴纳较高的房租，原来拿房租费补贴金的人也随工资的提高自行支付的房租增加。第三，租用或购买公益性住宅的住房者必须是收入低于法定限额的家庭，住房者的收入在搬迁时予以审核，其房租超过收入一定比例时，国家对房客提供补贴。第四，政府只负责对公益性住房的贷款，而不负担住宅经营的责任，无论住房经营亏赢如何，政府都不必进行追加投资，只是从宏观上去鉴

定解决全社会住宅问题的程度和实现政策目标的宏观经济效果。第五，政府对公益性住房补贴虽然是无偿的，但是却可以动员大量的私人投资。政府用较少的资金吸引和动员大量的社会资金，从经营效益来分析，联邦德国的公益性住宅的经济效益高于英国的公共住房。第六，私人资本对公益性住房进行经营管理，住房的经营者可获得政府的资助，但必须按照国家法令约束的条件下谨慎地经营，政府要求更准确地进行核算，以使住房经营者谋取应有的合法利润。

③住房补贴政策。德国《房租补贴法》规定，居民如果无力承担租金，可以向国家申请房租补贴。德国房租补贴政策已执行 40 余年，目前已成为解决低收入家庭住房问题的主要途径。政府根据家庭人口、收入及房租情况给予居民适当补贴，居民实际交纳租金与可以承受租金的差额由政府负担，房租补贴的资金由联邦政府和州政府各承担 50%。其中，居民实际交纳租金要与家庭住房需要相结合，可以承受的租金一般按照家庭收入的 25%确定。补贴期限为 15 年，15 年以后随着家庭收入的增加，相应地逐年减少租金补贴。对于领取社会救济者、收入特别低的家庭，《失业金法 21》中也有特殊的规定。一般来说，低收入家庭申请房租补贴，经审核通过后，政府就予以发放房租补贴，政府不仅可以补贴房屋租金，还补贴供暖、排水、垃圾清理、清扫烟囱、房屋保险、地产税等费用。

④住房储蓄政策。德国的住房融资约 40%来自于住房储蓄体系，住房储蓄是德国解决居民住房保障最有效的金融产品，是解决中低收入阶层住房问题的重要手段。储户根据自

己住房需要及储蓄能力，与住房储蓄银行签订住房储蓄合同，储户每月按合同约定存钱，当存满储贷金额的一定比例（40%~50%）后，即可取得贷款权。德国住宅储蓄的两大支柱是：第一，固定利率、低息互助。住宅储蓄制度是独立于德国资本市场的封闭运转的融资系统，存贷款利率不受资本市场供求和通货膨胀利率变动影响，多年来德国住房储蓄的存款利率一直是3%，贷款利率是5%，一般存贷款利差保持在2%左右，对居民特别是中低收入居民有很大吸引力。第二，政府的储蓄奖励。奖励分为两种，一种是按年收入的不同住宅储蓄最高给予一定比例的奖励，另一种是对通过住房储蓄进行的建房活动由政府给予贷款总额14%的贷款补助。另外，德国的住房市场是目前世界上最稳定的市场，这是因为政府对住宅价格有效调控使得该国住宅价格稳定，以保证储蓄的住宅购买力不发生大的变化。

⑤政策性住房金融机构政策。德国每个州政府下设一个政策性住房金融机构，为社会低收入阶层提供政策性购房融资。另外还设有联邦重建银行，主要为住房改造提供政策性贷款。

⑥住房税收政策。政府通过减免税和其他奖励措施鼓励私人建房：建房费用在最初8年内折旧40%，以此来降低房主应税收入。申请建房的贷款可以从应税收入中扣除，免征10年地产税、免征地产转移税，给予较低收入购房人不同程度购房补贴等。为避免住房高消费，个人住房面积大于一定规模后不提供税收优惠。另外，私人建房也可以从个人所得税中获得补贴，建房支出或采购费用的5%可以从个人所得税中扣除。

⑦住房奖励政策。分为国家奖励、私人住房奖励、私人住房儿童奖励、环境保护奖励。其中，国家奖励为住房储蓄奖励、雇员奖金积累款、雇员储蓄奖励（a. 国家奖励。个人参加住房储蓄其存款可以获得最高不超过月收入 10%的奖励，单身者最多每年 100 马克，二人最高 200 马克，对于申请享受这项奖励的个人收入不超过 10 万马克。b. 雇员资金积累款。企业主每月除工资外付给雇员的用于资金积累的款项，该款项存入一个长期存款账户，7 年后才可取出，雇员可以将其直接付到他的住房储蓄账户上去。c. 雇员储蓄奖励。国家给雇员资金积累款 10%的雇员储蓄奖励，每年最多 936 马克，要求单身者年收入不超过 2.7 万马克，两人不超过 5.4 万马克）。私人住房奖励为私人（单身年收入 12 万马克内，双人年收入 24 万马克内）购买住房或建房，可每年从政府那儿按买家或造价的 5%获得补贴，最高补贴额为 5 000 马克，共贴 8 年。家庭有儿童的，还可以得到每年 1 500 马克奖励，期限为 8 年。

四、美国住房政策沿革及措施

美国住房政策大致经历了三个阶段。第一阶段是注重住房数量的提供，以解决无房者的居住问题，代表时期为大萧条时期和第二次世界大战后初期。第二阶段则注重住房的经济带动作用，以经济手段调节住房问题。该阶段从单纯解决居住问题转变为居住问题和经济发展问题相结合。第三阶段则是综合考虑居住问题、住房经济带动作用和社会问题作用。美国住房政策主要有以下几个方面（图 5.3）：

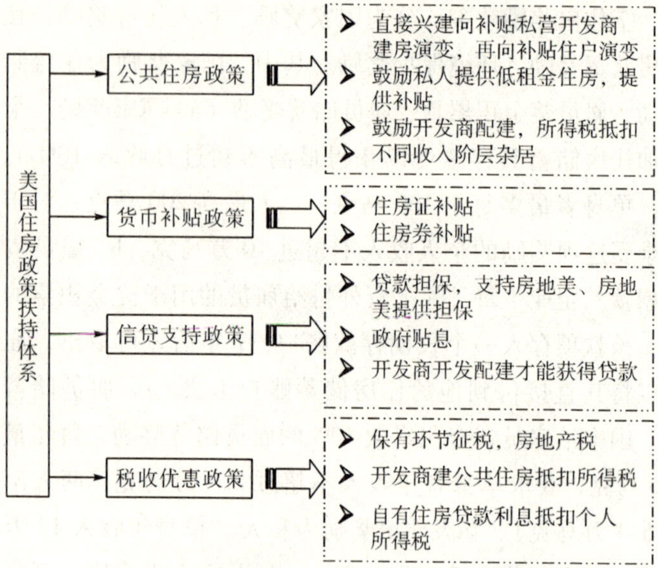

图 5.3　美国住房政策扶持体系及措施

①公共住房政策。美国人口密度较低，历史上没有出现严重的住房短缺问题，其政策主要体现在如何加大金融支持力度和住房补贴力度，而非强调大规模兴建保障性住房。美国的公共住房政策总体来说是从最初的政府直接兴建向补贴私营开发商建房过渡，后又开始向为房客提供房租补贴的政策过渡。1994 年《全国住房法》提出向全美人民提供“体面、安全和可负担”的住房。联邦政府主持公共住房并负责专项基金的划拨，州政府负责公共住房的选址、监督和分配等，产权归州政府所有。公房的管理由美国政府住房和城市发展部下设的公共住房管理局负责。但在实施过程中由于政府投资的公房选址集中，使得很多地区的公房居住区逐渐演化为贫民窟，犯罪率上升而使得中产阶级避迁到郊区，造成

城市中心区衰败。为此，美国政府不得不拆除了 25 万个公房单元。为避免前述弊端，美国政府开始两项措施：第一，鼓励私人提供低租金住房。政府进行筛选后将合格的住房纳入公房体系，并对选中的房源提供优惠政策进行补贴（如为其抵押贷款提供担保、提供部分修缮和运营费用等）。第二，鼓励开发商在每个小区新建部分公房。开发商因此可享受连续十年的所得税抵扣优惠。这两项措施迅速扩大了公房的来源，促进了不同收入阶层的杂居融合，避免了贫民窟现象发生，同时也减轻了政府投资压力。

②货币补贴政策。1974 年美国推出货币补贴模式，补贴方式分为住房证和住房券。住房证适用于租户承租房租低于政府确定的租金标准的住房；住房券适用于租户自由选择的社会住房，当租金高于标准租金时由租户自己承担差额，住房券用于支付市场租金超过中低收入家庭收入 30% 的租金。通过住房券的方式，有助于将中低收入租户分散到其他城市社区中去。目前，货币补贴政策中的住房券方式已成为美国住房政策的主流。

③信贷政策。美国政府通过贷款担保、贴息的方式来促进中低收入者拥有住房的比例提高。具体做法为分期付款时可向政府申请贴息和担保，个人支付首期款并承担一小部分利息，政府则承担还款风险以及大部分利息。同时拥有自有住房的个人所交贷款利息可以抵销其个人所得税。20 世纪 90 年代以来，购房首付款的比例不断降低，甚至一度降到零首付。由于金融机构考虑到中低收入者的支付能力有限，往往不愿意提供贷款，政府一方面要求发放的个人抵押贷款必须

有一定比例的承借人为中低收入家庭，另一方面由住房和城市发展部出面提供担保，并支持房利美、房地美等机构提供担保。该政策使得大量中低收入者拥有自己的住房，减轻了政府的保障压力，拉动了经济。但是过度宽松的房贷政策也引起了后来的美国次贷危机。另外，政府规定私营开发商必须提供一定比例的低价住宅和廉租房才能获得银行的贷款。

④税收政策。美国的房地产税主要在保有环节征税，房主每年缴纳房地产市值0.6%~3.0%的房地产税，主要用于支付义务教育、改善治安、改善公共环境。美国房产税提高了房产所有者的持有成本，抑制了投资性住房需求、控制了房价的涨幅，同时使得政府获得可持续的财政收入用于社会事业的发展。

第二节　日本、新加坡及中国香港地区住房政策经验

一、日本的住房政策

日本是典型的人多地少国家，尤其是第二次世界大战后出现了全国性的严重房荒，单凭个人力量是无法解决住房问题的。日本政府为避免出现社会问题，在战后初期采取了“房租管制令”和“租房租地法”等过渡性措施。后续又采取了针对性的住房政策，一方面通过多方筹集资金，建设公共住宅；另一方面鼓励和推进私人建设住宅。到1968年全国

住房数量超过户籍数量，1973 年全国普遍达到每户一宅，使得日本成为在自己的城市化过程中唯一没有形成贫民窟的发达国家，也是迄今唯一没有在社会中形成“无家可归者”群体的发达国家。具体住房政策扶持体系及措施如下（图 5.4）：

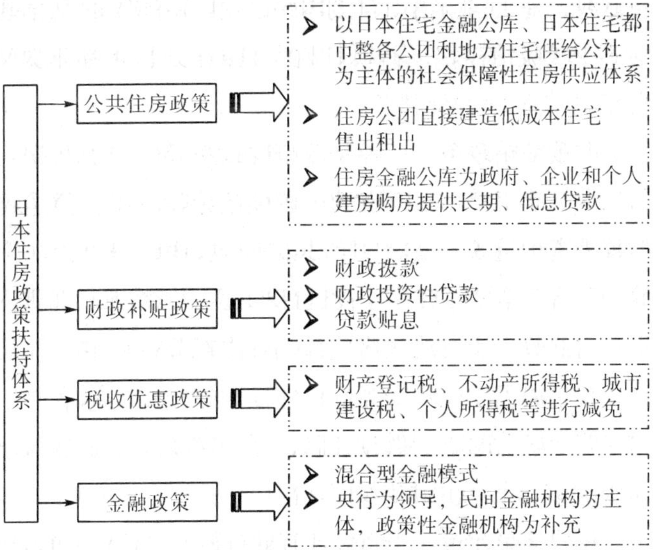

图 5.4　日本住房政策扶持体系及措施

①公共住房政策。在建设省住宅局的统管之下，日本政府构造了以日本住宅金融公库、日本住宅都市整备公团和地方住宅供给公社为主体的社会保障性住房供应体系。实施公房建设的机构为住房公团，公团为非营利性质，直接隶属于中央政府，面向全国居民提供住宅。公团主要职能是以中心城市为主，以中等收入阶层为对象，直接建造低成本住宅向中等收入家庭出售、出租。还有政策性的住房金融机构——住房金融公库，是专门为政府、企业和个人建房购房提供长

期、低息贷款的公营公司。通过政府的财政投融资体制将更多的低成本的社会资金长期引入到与民生相关的住宅领域，向难以从银行获得信贷的开发企业和个人提供住房资金支持，以弥补民间融资不足和来源不稳定的缺陷。住宅金融公库与政府行政管理机构分离而自成体系，同时不同于商业金融机构（不直接吸纳存款、不以盈利为目的），不由央行监管而是由相关产业主管部门监管。

②财政补贴政策。一种是政府财政拨款，用于低收入家庭的租房、购房补贴，及资助公营住宅建设。第二种是政府的财政投资性贷款，是对住宅都市整合公团住房建设的投资贷款，和将资金贷给住房金融公库后再由后者用于建设公共住房和向低收入者发放住房贷款。日本对公营住宅实行财政补贴，凡是居民建造或购买的住宅在国家规定的标准内，均可向住宅金融公库申请低息贷款，平均利率比商业银行贷款低 30%左右，贴息由财政部门承担。

③税收优惠政策。利用住宅贷款自购、自建住宅的居民，在 5 年内可以从每年的所得税中扣除当年年底的住宅贷款剩余额的 1%。另外，日本政府对财产登记税、不动产所得税、城市建设税实行了减免，并且规定，住房资金捐款部分可以免交赠与税。

④金融政策。日本采用混合型金融政策模式，这种模式的特点是“以央行为领导、民间金融机构为主体、政策性金融机构为补充，官民结合”。政府住房金融机构有住宅金融公库、住房公团、住宅融资保证协会等；民间的住房金融机构由包括住宅金融专业公司、劳动金库、住房社团等。

二、新加坡的住房政策

新加坡的住房政策和其他国家一样也是不断演进的，大致经历了“满足居民居住需求——不断改善居民居住质量——鼓励居民拥有住房产权”三个阶段。第一个阶段建立起以政府组屋为主、私屋为辅的住房体系，第二个阶段通过发展新市镇不断提升居住环境品质，第三阶段在促进“居者有其屋”下公民拥有住房产权、同时通过房地产业带动相关产业发展（图5.5）。

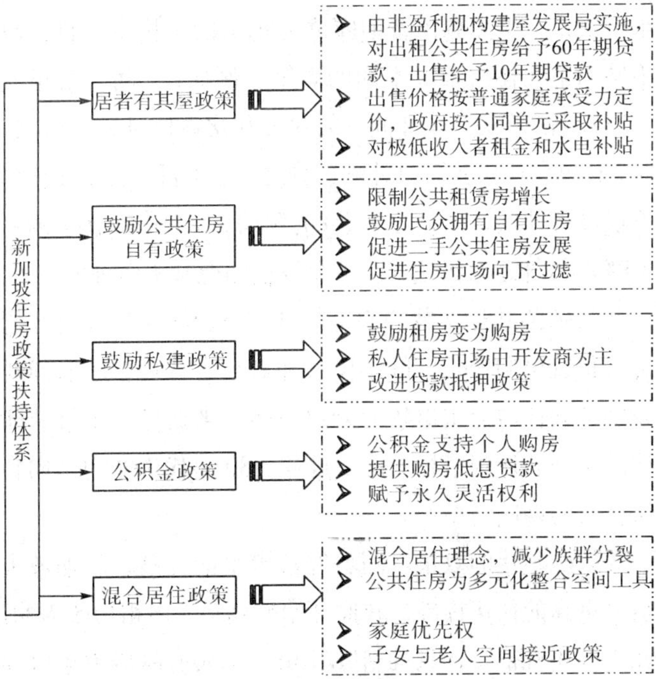

图5.5　新加坡住房政策扶持体系及措施

①居者有其屋政策。新加坡的“居者有其屋”公共住房制度为普惠性的，政府将解决住房问题、实现居者有其屋为一项国策。成立了建屋发展局（HIDB）为广大中低收入者低通低廉住房，同时负责规划发展新城镇、翻新和重新发展旧宅区。建屋发展局为非营利机构，在实施住房保障政策时将住房公平作为首要考虑问题，有较大职权，财政独立。其资金来源主要是政府低息贷款和居民购房贷款，其中从财政部获得两种贷款：一种是利息为7.75%的60年贷款，用于兴建供出租的公共住房；另一种是利息为6%的10年贷款，用于兴建供出售的住房。新加坡的公共住房的价格按居民平均收入水平决定，事先算出普通家庭能承受的价格来定价，政府对不同的单元住房采取不同的政策。例如，1间一套单元住房政府补贴三分之一；2间一套单元住房政府补贴三分之一；3间一套单元住房政府只补贴三分之一；4间一套单元住房政府不仅没有补贴，而且还有5%的利润；5间一套住房的利润为15%。另外还对极低收入者采取低租金和水电补贴方式。

②鼓励公共住房住户自有。20世纪80年代政府开始限制公共租赁房的增长，鼓励民众拥有自有住房。政府同时通过鼓励公共住房业主出售并升级公寓，来促进二手公共住房市场的扩展和住房市场的向下过滤。80年代末实现了向自有住房社会的彻底转型。

③鼓励私建的政策。随着经济水平的提高，新加坡人开始追求更高的住房标准，政府开始鼓励个人由租房改为购房，除此之外还有很少比重的自建住房。私人商品房市场以住房开发商为主，开发商可以购买永久性私人土地或99年地权的

政府土地建房，价格由市场决定。1993年改进抵押贷款政策，购房可获得80%的贷款，低收入家庭可达到95%。

④实行中央公积金制度的政策。中央公积金实际上是一种强制储蓄，由中央公积金局统一管理，并向存款人支付一定利率的利息。新加坡公积金中30%可用于购房，购买组屋时可提取公积金的1/2作为购房首付款。政府以高于公积金利息0.1%的利率为购房者提供贷款。购房者则用公积金偿还贷款，政府赋予永久租户灵活地选择，如没有首付要求、付款期限可长达25年、减免物业税等。

⑤居住混合模式。族群分裂是一个突出的社会问题，特别是大型公共住房开发项目容易导致贫穷集中和弱势群体的边缘化。为防止不同收入、不同教育水平和族群之间的分裂而引发社会问题，新加坡在住房政策推进的时候渗透了混合居住理念，将公共住房当做实现多元化空间整合的工具，通过建立一系列委员会来培育人们社区意识、增进社区整合。在服务供应和分配过程中也强调家庭的优先权、实施子女与老人住房间的空间接近政策。

三、中国香港地区的住房政策

中国香港地区政府根据不同时期的具体情况设定不同时期的目标群。战后初期由于人口剧增导致对房屋需求旺盛，政府承担了住房供给的责任，通过投资兴建公共住房来低价出租，以提供实物房屋的方式来基本解决房荒问题。之后随着居民的经济增长，又开始将目标群定位于中低收入家庭，开始推行住房自有化的政策。通过推行居者有其屋和私人机构参与房屋发展计划以及多元化自置居所计划，将公共住房出售给居民、鼓励住房自有。近一段时间政府更是调整住房政策和策略，寻求更灵活、有效、直接的财务资助方法，来取代传统新建实物公共房屋的资助方式。中国香港地区房屋委员会是负责住房政策制定和实施的唯一主体，拥有独立财政支配权（图 5.6）。

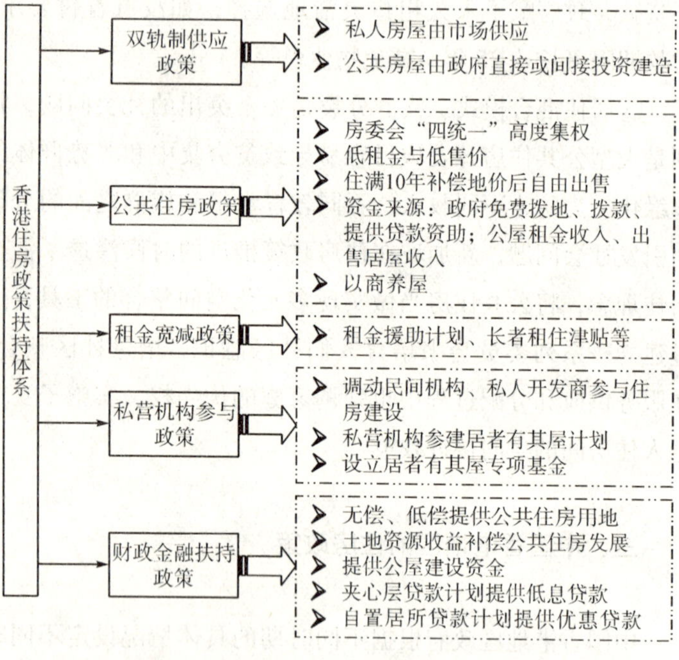

图 5.6　中国香港地区住房政策扶持体系及措施

①住房供应双轨制。中国香港地区政府通过双轨制的住房供应该体系解决社会不同收入阶层的住房问题。即私人房屋由市场供应，针对高收入和中高收入家庭；公共房屋是由政府直

接或间接投资建造，针对中低收入家庭。目前，从增量上看，政府兴建的出租公屋占每年竣工住宅的35%~50%作用；从存量上看，政府供给的出租房和补贴出售的居屋所占比重略低于私营机构；从人口分布来看，居住在公房和私房的人口各占一半，形成了公营与适应并存互补、租与售平分秋色的市场格局。

②公共住房政策。中国香港地区房屋委员会负责制订和推行公营房屋计划，采取“四统一”（统一规划、统一建造、统一编配、统一管理）的高度集权政策。中国香港地区公共住房分为供出售的公屋、供出租的公屋、临时房屋区和平房区。供出售的公屋主要出售给租住在公屋的住户，或有资格申请公共出租房屋的人，所有权归购买者本人，价格比市场商品房低30%~40%，住满10年后，根据市值补偿地价给政府后可以在市场上自由出售；供出租的公屋所有权归中国香港地区房屋委员会，只有每月总收入不超过规定限额的家庭才可申请；临时房屋区是为自然灾害受害者而设；平房区是20世纪60年代为减轻市区人口稠密问题由私人在房屋署指定的地区建造。所有的公屋由房委会属下机构统一兴建，或由房委会交私营机构兴建，完成后由房委会回购。所有公屋的管理均由房屋署屋村管理处负责。公屋的资金来源主要有两个：一是政府免费拨地、拨出资本和提供贷款资助，二是通过出租公屋、出售居屋获得资金来源。由于政府免费拨地和向房委会注入资本，因此相关公共住房租金一直维持在低水平，大大减轻居住者的负担。同时，为实现健康运营，中国香港地区的公屋很大程度上实现了以商养屋，房屋署建造的公共住房社区配建的商业物业实行社会招租，租金为房屋

署带来了可观收益。

③租金宽减政策。实施租金援助计划，针对不同对象放宽和减免租金。2001 年推行“长者租金津贴”为符合资格的老年人提供租金津贴，租金由房委会承担 60%、老年人自行承担 40%，另外对于租住私房发生的定金和中介费由房委会支付。2002 年放宽了年老者和重建户申请援助的资格，2006 年进一步放宽了非长者住户的申请资格。

④私营机构参与政策。除政府参与外，中国香港地区还调动民间机构、私人开发商等多方力量共同致力于住房问题解决。20 世纪 70 年代以来，政府开始意识到逐渐减轻政府住房供给负担的重要性，开始发挥私营机构的作用。1977 年提出私营机构参建居者有其屋计划，并设立了“居者有其屋计划”专项基金，以缓解市民需求并为其提供更多的置业机会。

⑤财政金融支持政策。政府无偿或低价提供公共住房用地，把从土地资源上取得的可观收益用于补偿公共住房的发展。同时，为公屋建设提供资金，如 20 世纪七八十年代房委会建造的公屋近 60%的资金来源于港府发展贷款基金。1993 年推出“夹心层住屋贷款计划”，贷款年息为 2%；1988 年政府推出“长远房屋战略”和自置居所贷款计划，将政策重点转向以提供优惠贷款的方式资助市民购买私营机构兴建的房屋。政府除继续修建公屋和居屋外，将政策扶持方式通过提供优惠贷款来帮助居民购买私人兴建的住房，以逐步减轻政府提供公共住房的负担。另外，中国香港地区住房金融体系也为房地产建设作出了很大的贡献，如 20 世纪 90 年代初，香港银行对房地产业贷款额占全港放款的 30%以上。

第三节　中国公租房可持续发展之路探索

一、不同时期政策推行的策略应不同

通过前面对欧美和亚洲部分国家和中国香港地区的案例可见，政府在推行相关政策的前提是与不同时期住房现状紧密关联的（见表5.1）。纵观其发展历程的规律，都经历了从解决住房短缺到构架完善的住房供应体系的过程：在解决住房短缺当务之急中，由于需要及时、大力度解决凸显的住房短缺问题，政府往往是采取直接参与的方式，直接出资兴建大量的公共住房或福利住房以低价出租，来缓及时解社会问题；而在住房短缺问题得到缓解后，政府更多的是考虑如何完善个人住房体系问题，将单纯地由政府来解决住房问题拓展到如何运用经济手段和市场手段来构建健康的房地产市场，并针对中低收入和特殊群体采取倾斜措施。

表5.1　欧美及亚洲部分国家和中国香港地区住房政策发展历程

国家或地区	政策发展历程
英国	政府直接出资大量建房→鼓励私人购房及公房私有化
德国	住房配给、政府补贴→鼓励住房自有→鼓励私人机构从事建房
美国	政府直接新建公共住房→补贴私人开发商→补贴住户 （注重提供住房数量→以经济手段调节住房问题→综合考虑居住问题、经济带动作用、社会问题）

表5.1(续)

国家或地区	政策发展历程
新加坡	政府组屋为主、私屋为辅→限制公共租赁房增长、鼓励住房自有、鼓励社会机构参与
中国香港	政府投资兴建公房→住房自有化、鼓励私人机构建房→以财务资助取代实物配给

中国历经了传统的福利分房时代过渡到住宅商品房化时代的过程，由于城镇化的加快和改革转制造成的贫富问题，使得特殊群体的住房短缺问题凸显。为缓解改革开放多年来特殊群体多年堆积的住房问题，中国于2009年正式提出“公共租赁房”概念并开始推行实施，从推行前期来看，政府在公租房建设中充当了主力军的角色。这种政府直接投资建房有利于住房严重短缺、住房供求矛盾尖锐的特殊时期对中低收入者的住房保障，可以充分发挥政府的行政优势，在短时间内保证住房总量上升，缓解住房紧张的状况。但同时也会造成政府财政包袱过重的问题，从国际历史经验来看，这种方式后续不具备可持续性，如英国就认识到政府对于公有出租房大包大揽的政策使政府负担过重，同时也不利于住房市场的有效运行。

要实现中国公租房运营的可持续发展，应根据不同时期的需求采取不同的政策策略，逐步从政府直接建设的策略走向“政府政策引导、社会力量参与市场化运作”的策略，利用政府的引导优势来撬动社会资金参与公租房建设和运营中来。中国的公租房可以采取三阶段的发展策略（见图5.7），最终实现住房体系的健康完善。在第三阶段中，政府和社会机构不再集中兴建公租房项目，但公租房数量并未减少，而是广泛存在于“过滤”出来的社会住房中，分散于各类普通商品住宅项目中，这些住房一方面是普通商品住宅、另一方面由于政府采取补贴等方式使得公共住房受益群体能够租住与购买而行使了保障功能，真正达到公共住房“隐形化”的效果，有利于提高存量房的使用效率。

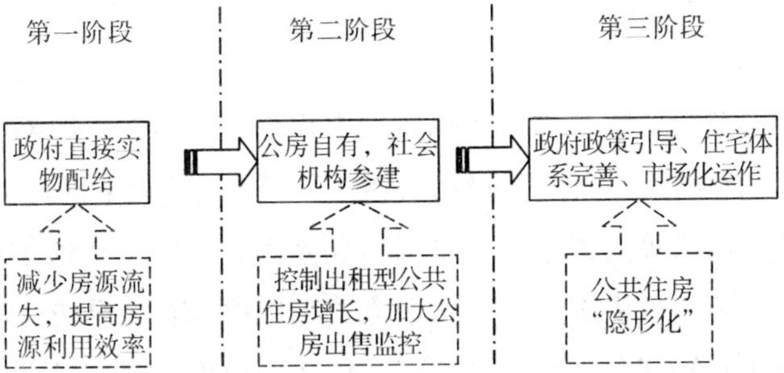

图 5.7　中国公租房“三阶段”发展策略

值得注意的是，第一阶段中主要针对住房短缺和供求矛盾突出的问题而采取政府直接实物配给的方式，在该阶段要注意提高房源的利用效率，特使是要注意防止房源的流失。目前国内对于夹心层的公共租赁房供应任务紧，中央政府对于地方政府供应的公租房数量都有指标要求，这是由于目前的任务是保证房源数量的供应。而个别城市计划在入住数年后就实行公租房出售，虽然不违背本书提出的中国公租房发展“三阶段”走势，但是却将本应属于第二阶段的策略提前到了第一阶段，一方面可能存在房源出售后流向非公租房保障人群，另一方面发生购买后使得可以用来流转的公租房数量减少。若不继续投入新的公租房房源，则后续供需数量将会存在短缺；若继续投入新的公租房房源，又会进一步加大政府财政压力，这种两难境地值得地方政府注意。中国的公房自有策略应在第一阶段完成相应的保障任务后再予以推行，超前推行将会使地方政府处于顾此失彼的窘境。

二、应从整个住房体系的供求情况来考虑公租房政策取向

公共租赁房是住房保障体系中重要的环节之一，对于公租房的可持续发展的探讨应从整个住房体系建设来进行考虑，公租房的政策应根据住房供求情况来进行确定。从这个思路出发，要缓解供求矛盾有两个方式可以进行：一种方式是对于供求短缺部分采取住房保障供应，即政府提供公租房、廉租房。另一种方式是增加购买力来提高住房自有，或者增加承租能力来承租社会住房。两者属于“此消彼长”式的互补关系。对于特定群体的住房保障问题，政府要么采取实物供应方式、要么采取补贴等方式，即要么“补砖头”、要么“补人头”。纵观欧美及亚洲代表国家和地区的公共住房政策发展历史，将公租房纳入整个住房体系来考虑是各国和地区的经验贡献，而从“补砖头”到“补人头”也是公共住房政策发展的必然趋势。

公租房政策应根据住房体系中的住房供求情况来进行设计，建立相匹配的机制（见图5.8）。在住房严重短缺阶段，政府通过直接投资兴建公租房来缓解供需矛盾、增大住房保障力度，但同时也带来了财政负担大的问题，同时缺乏长期

稳定的公租房建设资金来源也是干扰公租房后续运营的重要问题；而在住房供应总体平衡、甚至有大量存量房的情况下，通过利用社会“过滤”出来的存量房将会提高房产资源的利用效率，且不会因为供不应求而引发租金和房价的上涨。政府采取货币补贴的方式，即对公租房保障对象补贴市场租金超过其承受力的部分，将补贴真正用于低收入者或夹心层群体使其能够承租社会住房。国家应控制出资兴建公租房的规模直至不再出资兴建公租房，房源基本由社会来提供，通过补贴来增加目标群体的社会住房租金承受能力、刺激二手房租赁市场的发展，同时活跃的二手房租赁市场又会带动整个建筑业的发展、促进了内需，有利于整个住房体系的建设。通过对租户长期、分期实施的货币补贴，国家不再一次大量投入建设资金，而是通过“细水长流”的支付方式使得有限的公共财政资源实现最大化的社会效益，缓解了实物建设前期投入巨大的资金压力，避免了因资金供应瓶颈而使得公租房供应数量无法保证的情况发生。

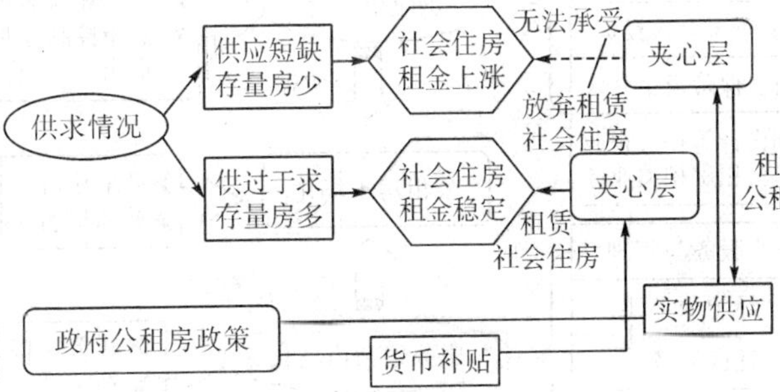

图 5.8　住房供求情况与公租房政策匹配机制

三、应从市场化角度来完善公租房的发展运营

房地产市场属于不完全竞争市场中的独占性竞争。该市场上开发商的行为具有独占性和竞争性，由于产品具有差异化，开发商或多或少对价格有影响力。在此类市场中市场机制无法充分发挥效率，易出现市场失灵的情况。在住房价格出现偏离使得有相当部分人群无法承受的时候，需要政府进行公共干预，公租房就是一种很好的形式。目前我国处于急需解决夹心层住房短缺问题阶段，初期阶段主要为政府主导实施兴建，能较为快速地解决夹心层住房短缺问题，但也存在政府负担重、资金使用效率低等缺点。而从长远看，从市场化角度着手完善公租房的发展运营将是中国公租房良性发展的方法之一（图 5.9）。

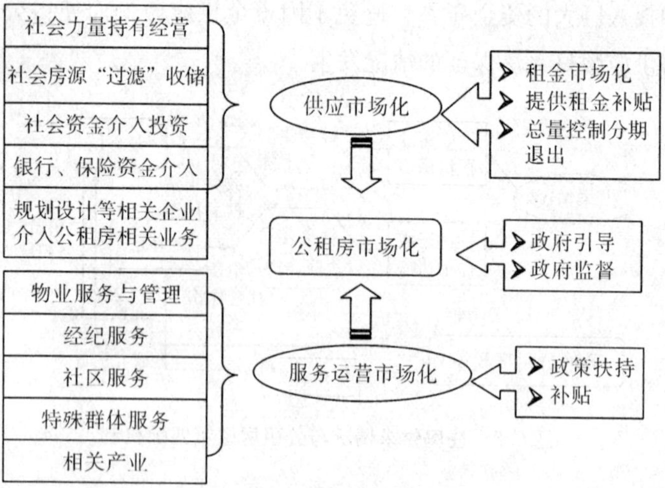

图 5.9　公租房市场化的两个方面及策略

市场化具有利用价格机能达到供需平衡的一种市场状态的特点，是用市场作为解决社会、政治和经济问题等基础手段的一种状态，可以达到利用市场经济体制取代双轨过渡体制的目的。通过前文以重庆为案例的公租房的相关研究结论以及对于中国公租房运营的启示来看，中国公租房的市场化需要从实现公租房房源供应市场化和公租房服务运营市场化两个方面来进行。其中，公租房房源供应的市场化是目前各地政府开始予以重视的，如北京就开始面向社会募集房源作为公租房出租；公租房服务运营市场化虽然目前不会因未推行而致增大政府施政压力，但从长远看还是会缓解政府财政投入压力，有利于明确政府在公租房运营中应扮演的角色问题，能有效地克服政府过多介入公租房日常运营繁琐事务而影响运行效率的问题。

供应市场化方面，政府可以逐步减少由政府直接新建的公租房数量而改为吸引社会力量参与公租房建设并鼓励其长期持有经营，将建设出租房盈利作为一项产业来吸引社会主体投资；引导社会上的存量房运用“住房过滤”机制并进行收储，将房源提供给需要的公租房租户。要达到吸引社会力量建设、持有公租房，以及吸引社会存量房作为公租房房源的目的，其租金就必须要有吸引力，因此支付给房屋所有者的租金应采取市场租金，而对于市场租金超过公租房租户承受能力的部分则由政府直接提供租金补贴给房屋所有者。由于采用了市场租金使得建设房屋作为公租房出租的盈利成为可能，公租房产业对于社会资金、银行资金以及保险资金等会增大吸引力，吸引它们的投资介入公租房的建设。由于公租房供应的市场化，届时使得其与开发普通商品房项目并无太大差别，已属于社会企业的个体行为。另外还可以进一步吸引投资分析、规划设计等企业能够提供相应的服务、介入公租房的市场化运作中来。因此，要特别注意以下问题：①公租房供应的关键要实现租金市场化，而住房租金补贴是实现公租房供应市场化的核心。政府可以建立公租房租金补贴的财政制度，合理确定其补贴的保障对象并根据其收入水平和房租承受能力进行分类，采取分类补贴的方式进行补贴覆盖。该补贴不发给公租房租户，而是直接发给住房出租人。②采取总量控制、分期退出的政策，允许社会力量建设并持有经营的公租房可以分期退出。即在社会企业持有经营达到规定年限、公租房已履行一定年限的保障职能后，由政府根据每年的公租房供需情况进行平衡考虑后，确定每年的公租房退出规模，达到条件的公租房房源可以允许社会企业向租户或其他用户销售。社会企业可以通过这种先租后售的方式进行盈利，减少其资金回收期，达到增大吸引社会投资的目的。前述“市场化租金、租金补贴”政策加“先租后售、分期退出”的方法将解决一直困扰各地政府的公租房盈利机制问题，成为公租房市场化的“助推剂”。

服务运营市场化方面，要充分利用社会资源参与服务运营。物业服务与管理可以采取租户委员会监管下的外包方式，公开招标筛选合格的物业管理公司和其他社区服务公司；由于公租房市场房源的分散化、多样化，中介公司介入公租房的居间服务，但配租仍然由政府制定机构予以实施；市场化使得公租房房源集中化所占比例减少，大多数房源均分布于普通社区中，针对社区的服务、商业配套、特殊群体服务等由社会化方式予以解决，政府相关机构不再作为主导推行者；房源分散型社区中教育、养老等特殊产业也由社区住户构成情况及需求状况进行社会化配置，房源集中型公租房社区由于人群结构相对于分散房源社区更为单一，政府可以通过相关政策有针对地扶持相应的服务运营机构。

政府在公租房市场化的推行过程中，应充分利用政策进行引导，除前面所说的补贴政策外，还需要从税收政策、金融政策、财政扶持等方面考虑一揽子的促进政策，以加速市场化进程。在市场化的同时，政府应加强相应的监管，以保证公共资源的正确、高效利用。

四、应从社会阶层空间隔离视角去思索公租房社区规模化问题

美国社会学家塔尔科特·帕森斯（Talcott Parsons）将社会分层下定义为："从社会角度的某些重要方面，把组成一定的社会体系的人类个体及他们之间在待遇上的相对优劣分成等级。"公租房是为了应对"夹心层"住房短缺而设立的，而夹心层则被定义为是游离在保障与市场之外的无能力购房群体的代名词，中等及中低收入家庭、新就业职工等均属于"夹心层"群体，该定义一定程度体现了针对该类特殊群体的社会分层。而社会阶层间极端封闭的表现之一就是社会阶层间的空间隔离，它是当前社会贫富分区现象的产生前提。它分为自愿性隔离和非自愿性隔离，人们有这种趋向，即对

希望互动的人群愿意成为近邻，而对不希望与之互动的人群真愿意敬而远之、甚至远远分开居住。社会上层阶层往往选择自愿性隔离、而社会下层阶层往往是被动的非自愿性隔离。非自愿性隔离的实质是社会成员被排斥的过程，是因为这些社会成员往往是社会资源有限的成员，在社会选择过程中主动性较差，而不得不在与社会大众生活的社区保持一定距离的低等社区中生活。

近年来中国房地产商品房市场持续发展，商品房价格一路飙升。通过第三章图 3.3 可见从 2004—2012 年近 10 年间，中国住宅商品房价格从 2004 年的 2 608 元/平方米上涨至 2012 年 5 429 元/平方米，涨幅达到 108.2%。为缓解住宅商品房价格高涨对中低收入家庭造成的住房压力，政府加强了保障性住房的建设。日前政府开始控制经济适用房投放，个别地区甚至取消了经济适用房，而 2014 年廉租房也开始并入公租房运行，因此公租房已成为保障性住房的主力军。由于多地政府均直接接入公租房的兴建工作，从土地成本、规划容纳情况等方面考虑往往选址在城市近郊或边远地区，且大量集中性修建，投入使用、配租成功后，夹心层阶层将大量聚集在此类大型社区中，形成了该阶层居住空间的被动隔离。如重庆市主城 100 万平方米以上规模的公租房小区其建设规模就占了主城区公租房建设规模的 74.1%。这种超大规模的社区容纳中低收入阶层人员数量巨大，使他们被导入到一个相对封闭的独立空间、与其他阶层人群隔离开来。这种隔离产生的社会问题短期来看并不突出，然而随着时间的推移，一系列社会问题会逐渐凸显，而凸显的社会问题又会使得夹心层中部分租户在条件许可的情况下选择离开原来居住的公租房社区（自愿性与原公租房社区隔离），后来剩下的非自愿性隔离的公租房租户则处于更为狭窄的隔离空间，社会问题将更为加剧。这个问题在国外得到印证：美国政府投资的公房选址集中，使得很多地区的公房居住区逐渐演化为贫民窟，犯罪率上升，为此美国政府不得不拆除了25万个公房单元以打破隔离；法国在郊区大量建造整齐划一的巨型公寓楼，把城里的劳工阶层、低收入阶层全塞到这些钢筋混凝土的格子里。这些郊外的巨大公寓楼，渐渐成了一个阶层的居住地，把一个阶层和其他阶层隔绝。这种非人性化的“居住的机器”成为了“异化的机器”，成为犯罪集团的滋生地。

从社会阶层的空间隔离视角来看，公租房的大规模集中性兴建无疑会加大隔离、甚至会带来引发社会问题堆积的贫民窟现象。控制集中修建规模、分散化布点将会在一定程度上将夹心层空间隔离问题较大程度予以弱化，如英国政府通过在零星分散建设的方式将不同收入、不同文化背景的居民容纳在同一社区中，以解决众多社会问题。我国部分城市虽然采纳了住宅商品房项目按一定比例配建公租房的政策，但其中也有相当多的城市同时也采取了由政府组织集中兴建大型公租房社区的方式（如上海等地），仍然存在夹心阶层的空间隔离问题。因此，在后续的公租房供应中，还是应该减少政府集中兴建大型公租房社区的比例，增加住宅商品房配建公租房的比例。

前述公租房发展“三阶段”策略中的第三阶段，随着政府和社会机构不再集中兴建公租房项目，但公租房数量并未减少，而是广泛存在于“过滤”出来的社会住房中，这些住房一方面是普通商品住宅，另一方面由于政府采取补贴等方式使得受益群体能够租住与购买而行使了保障功能，真正达到公租房“隐形化”的效果。而这种“隐形化”的公租房最大的贡献是最大化减少了夹心阶层的空间隔离，使其真正融入到其他普通社区中去，减少了应空间隔离问题而带来的一系列社会问题，杜绝了公租房贫民窟现象（图 5.10）。

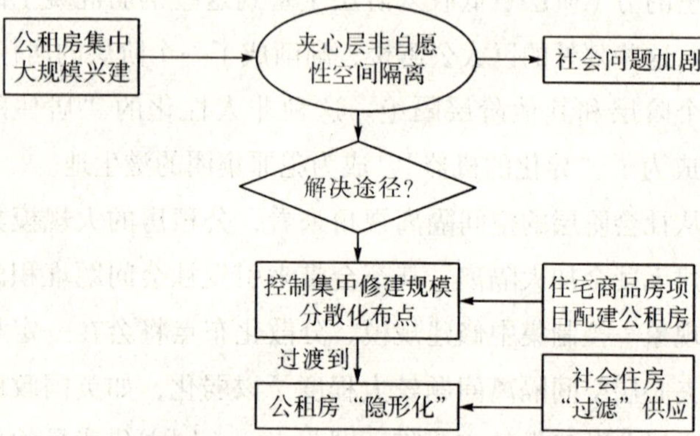

图 5.10　夹心层空间隔离解决途径

五、应及时根据新凸显的民生问题调整公租房的保障策略

当前中国已经进入人口老龄化快速发展阶段，2012 年年底中国 60 周岁以上老年人口已达 1.94 亿元，2020 年将达到 2.43 亿元，2025 年将突破 3 亿元。中国由于计划生育政策使得独生子女家庭呈现“421”和“422”结构，未来 10～40

年，独生子女结构家庭的养老问题将凸显，已成为下一个民生问题焦点。朱勇（2007）提出了“少子老龄化”的概念，指出我国属于“人口少子化、老年高龄化”的状况，指出中国对社会保障制度的改革使得养老问题中的经济供养问题得到改善，但老年人的生活照料和精神慰藉问题却日益突出。熊汉富（2009）认为在独生子女家庭的养老中，老人对于精神赡养方面的需求更为突出和强烈，这与子女所能投入的时间和精力之间存在矛盾，而这就决定了独生子女家庭在未来必然会面临精神赡养方面的巨大挑战。我国政府明确未来将以多种途径应对养老问题，初步提出了“以居家养老为基础、社区养老为依托、机构养老为辅助”的模式设想，但存在以下问题：①居家养老由于“421”和“422”家庭结构使得独生子女在负担夫妻双方父母养老存在精力有限、亲情呵护不足的问题；②远离子女的机构养老和养老地产项目类的隔离式养老由于亲情呵护缺乏导致老龄群体心理性衰老加剧，这二者之间存在矛盾冲突，而我国民族传统中养老又是与亲情相关紧密；③社区养老吸收了家庭养老和机构养老方式的优点和可操作性，把家庭养老和机构养老的最佳结合点集中在社区，但是也存在居家养老类似的问题——即独居的老年人由于远离子女而引发的亲情呵护不足的问题。

国际发达国家及地区将老年人的养老保障问题纳入到原有的住房保障体系中来建设已成为一种发展趋势，并有一定的经验积累。日本提出“分而不离”的居住体系、新加坡提出“乐龄公寓计划”和“子女和老人空间接近”政策、瑞典设计出“服务配套老年住宅”，它们的共同特点是老年人的居住场所就在普通社区中。我国目前将公租房作为住房保障保障的主力军（弱化经济适用房、廉租房并轨入公租房），主要针对“夹心层”住房短缺问题进行保障。而随着中国“少子老龄化”潮的到来，住房保障策略也应及时与凸显的民生问题相契合。北京开创国内先河，首先将公租房的保障对象延伸至老年群体，尝试建设老年公租房项目，但仍然采取的是类似于美国“退休社区”式的集中修建、远离子女的供应方式，依然存在亲情隔离的问题。如何顺应国际住房保障问题的发展趋势、传承中华民族养老特点，需要以公租房为载体去构建出一种新型的“分而不离”的混合型居住养老体系。要实现这个目的，需要进一步深入思考目前公租房的诸多供应与运营相关策略与新时期的保障目标如何结合。

国内学者对此研究较少。陈佳（2010）提出政府的公共租赁房政策有利于养老公寓的建设推行，能够吸引开发商等投资者参与老年公寓建设。闫建（2012）指出通过调查老年人应担心遭遇歧视不愿进入机构养老，老人更愿意同孙辈和朋友一起打发时光。他提出了通过在公租房社区建立“托老所”的方式，有利于提高老年人晚年生活质量、减轻给家庭带来的经济和精力负担，同时有效利用了公租房资源。孟星（2009）指出我国的住房保障制度不应忽视人口老龄化问题。目前对于公租房的诸多供应与运营相关策略与对老年群体的保障目标如何结合方面，尚无学者进行深入研究，更谈不上提出可供执行的策略。

目前国内推行的养老载体（敬老院、福利院、养老院、分散居家、养老度假公寓、商品住宅养老型社区、护理型养老医院等）在解决前述养老问题方面存在施行障碍，无法良好地承载“以居家养老为基础、社区养老为依托、机构养老为辅助”的养老模式。公租房应贴合时代发展中出现的新的民生问题进行思索。公租房由于采取政府主导的模式，在供给选址、规划建设、服务体系构建、多方运营激励等方面具有较强的政府干预作用，具有使用性质可以由政府掌控且资源不易流失的特点，具有作为一种特殊的载体来弥补目前国内推行的养老载体缺陷的前提。目前部分地区实施的商品房住宅配建公租房的模式与“公租房银行”的对旧房的集中收储功能也有利于实现养老型公租房大范围覆盖，有利于加速政府对养老工程的体系建设。

将公租房作为应对老年人养老保障的承载体需要从参与主体、覆盖范围、供应模式、资源整合、激励机制、政策等方面进行相应的设计，主要思路如下：①养老用房采取租赁方式，与普通社区采取“分而不离”的混合型居住类型；②打破公租房只能建在公租房社区的传统思维，将小型集群化的养老型公租房分散于各类社区中混合居住，通过构建合理的“亲情关怀半径”与“社区服务半径”，达到“子女亲情关怀+专业养老服务+老龄群体间文化自娱”的养老协同效应；③通过规划布点增大亲情关怀效用，政府要进一步研究如何实现在新老居住型社区的合理的覆盖；④政府在社会养老中的角色和工作应重构，对养老体系中其他参与主体的角色分工要进行合理构架并建立相应的激励机制。

参考文献

[1] 陆娅楠，乔雪峰. 全国累计开工廉租房公租房约 1 150 万套平行运行致资源浪费 [EB/OL]. [2013-12-06]. http://finance.people.com.cn/n/2013/1206/c1004-23770709.html.

[2] 罗俊领. 重庆市公共租赁房发展研究 [D]. 南昌：江西理工大学，2011.

[3] 杨艳玲. 西方社会保障理论的发展 [J]. 华中师范大学学报：人文社会科学版，2001 (2)：24-27.

[4] 徐炳奎. 西方社会保障三大理论流派评述 [J]. 华东理工大学学报：社会科学版，2006 (3)：24-31.

[5] 王冰. 市场失灵理论的新发展与类型划分 [J]. 学术研究，2000 (9)：37-41.

[6] 杨玉泉. 西方市场失灵理论探析 [J]. 武警学院学报，2002 (1)：79-77.

[7] 刘维奇. 公平分配理论的形成与发展 [J]. 现代经济探讨，2007 (10)：10-13.

[8] 刘友平. 住房市场过滤理论及其应用研究 [D]. 重庆：重庆大学，2003.

[9] 罗慧，霍有光，胡彦华，等. 可持续发展理论综述［J］. 西北农林科技大学学报：社会科学版，2004 (1)：35-38.

［10］王青云. 可持续发展理论发展概述［J］. 黄石高等专科学校学报，2004 (8)：9-12.

［11］范柏乃，马庆国. 国际可持续发展理论综述［J］. 经济学动态，1998 (8)：65-68.

［12］曹礼和. 顾客满意度理论模型与测评体系研究［J］. 湖北经济学院学报，2007 (1)：115-119.

［13］王新新. 基于感知公平理论和期望不一致理论的顾客服务补救满意研究［D］. 成都：西南交通大学，2010.

［14］董新龙，林金忠. 高品质公租房：国家战略与民生抉择［J］. 经济学家，2012 (1)：30-40.

［15］刘丽洁. 我国公共租赁住房制度运行中的问题及对策分析［J］. 经济师，2013 (3)：290-291.

［16］左勇超. 我国现行住房保障制度中公租房体系探析［J］. 东方企业文化，2011 (2)：271.

［17］顾成琦. 政府债务审计结果：2013 年 6 月全国政府性债务总额 20.7 万亿元，地方债 17.9 万亿元［EB/OL］.［2013-12-30］. http://wallstreetcn.com/node/70181.

［18］证券时报网快讯中心. 穆迪：中国地方债风险水平差别巨大［EB/OL］.［2014-3-26］. http://kuaixun.stcn.com/2014/0326/11279428.shtml.

［19］邢昀. 地方债务未来两年半进入偿债高峰［EB/OL］.［2011-06-28］. http://economy.caixin.com/2011-06-

28/100273767.html.

[20] 谈佳隆. 公租房之忧 缺乏赢利模式是最大障碍 [J]. 中国经济周刊, 2011 (15): 56-59.

[21] 陈杰. 公租房之路该怎么走 [EB/OL]. [2012-04-24]. http://www.ftchinese.com/story/001044236.

[22] 重庆市统计局. 2014 年重庆市 1%人口抽样调查主要数据公报 [EB/OL]. [2015-02-04]. http://www.cqtj.gov.cn/html/tjsj/tjgb/15/02/7335.html.

[23] 杜佩谦. 公租房项目可持续发展——基于财务角度对重庆公租房项目的研究 [EB/OL]. [2013-01-20] http://www.cqjzcpa.com/gzyj/cwgl/201301/3661.html.

[24] 赵文俊. 地方政府债务: 何以解决? [EB/OL]. [2014 - 03 - 20]. http://www. ccidconsulting. com/article/20140320/3864.html.

[25] 余南平. 欧洲社会模式——以欧洲住房政策和住房市场为视角 [M]. 上海: 华东师范大学出版社, 2009.

[26] 曹永红. 美、英、香港的公共租赁住房政策对我国的启示 [J]. 经济论坛, 2012 (3): 119-122.

[27] 章征涛, 周雨杭, 张媛. 国外保障性住房空间演替及其启示 [J]. 建筑学报, 2012 (8): 109-113.

[28] 李忠东. 国外公租房发展现状与前景 [J]. 价格与市场, 2011 (4): 42-43.

[29] 刘琳, 罗云毅, 任荣荣. 美德住房制度比较对完善我国城镇基本住房制度的启示 [J]. 中国经贸导刊, 2013 (2): 19-31.

[30] 孙志华. 美国住房政策考察 [J]. 山东社会科学, 2012 (9): 163-166.

[31] 张庭伟. 美国住房政策的演变及借鉴 [J]. 中外房地产导报, 2001 (4): 31-32.

[32] 刘旦. 美国住房政策的若干启示 [J]. 上海房地, 2012 (7): 46-47.

[33] 郭瑞峰. 美国民间组织在住房政策制定中的作用及其启示 [J]. 中国房地产, 2003 (9): 75-76.

[34] 宋博通. 从公共住房到租金优惠券——美国低收入阶层住房政策演化解析 [J]. 城市规划汇刊, 2002 (7): 65-73.

[35] 谭禹. 二元化住房制度: 日本、新加坡、中国香港的时间模式与启示 [J]. 甘肃社会科学, 2010 (3): 184-187.

[36] 陈军. 日本、新加坡公共住房政策的经验与启示 [J]. 前沿, 2013 (20): 96-99.

[37] 赵光瑞. 日本公共住房政策及其对中国的启示——以高速增长时期的住房政策为中心 [J]. 南京财经大学学报, 2011 (9): 92-97.

[38] 宋效中, 潘云飞. 日本住房保障及市场调控政策分析 [J]. 日本研究, 2011 (3): 40-43.

[39] 汪丽娜. 日本住房金融公库住房保障功能的启示 [J]. 经济学动态, 2010 (11): 126-130.

[40] 包宗华. 借鉴新加坡住房经验知多少 [J]. 中国房地产, 2013 (6): 7-8.

[41] 何洪静. 新加坡住房政策的发展进程及效果评价[J]. 东南亚研究，2014 (1)：20-26.

[42] 贾俐贞. 新加坡住房制度的五大特点 [J]. 中国党政干部论坛，2011 (11)：56-57.

[43] 李健正. 住房政策、住房自有与资产建设：东亚社会政策的一种新视角 [J]. 公共行政评论，2010 (3)：48-70.

[44] 王毅强. 香港住房保障政策的发展与启示 [J]. 市场经济与价格，2010 (5)：28-34.

[45] 王松涛，刘洪玉. 香港住房市场中的政府干预及其启示 [J]. 城市问题，2008 (5)：70-77.

[46] 林坚. 香港住房政策的发展及其市场影响探析[J]. 中国房地产，1998 (4)：72-76.

[47] 汪丽娜. 香港住房政策演变及可借鉴的经验 [J]. 中国房地产金融，2007 (1)：38-40.

[48] 徐晓军. 城市阶层隔离与社区性格 [J]. 社会主义研究，2007 (2)：98-100.

[49] 薛涌. 现在的城市规划各阶层隔离？住房不是居住机器 [EB/OL]. [2006-09-18]. http://www.lawtime.cn/info/fangdichan/csghjieshao/2006091832442_2.html.

[50] 管聪聪，宁艳杰，康琪雪. 公共租赁住房发展历程及运作方式探究 [J]. 商业时代，2014 (7)：130-131.

[51] 孟庆瑜. 我国公共租赁住房制度的法律分析——基于公共租赁住房市场化的研究视角 [J]. 河北法学，2011 (10)：66-76.

后　记

读书是我的爱好，从小学开始读四大名著起，初中喜欢读小说与散文、高中大学喜欢读历史与传记，到工作后喜欢随心性和工作需要读各类书作，但从来没有想到自己会写一本专著。动笔写专著的念头开始于一个偶然的机会，我的一个朋友劝我将近年来对于公租房的相关研究心得与成果进行系统归纳并建议发表专著。虽受鼓励，但是否动笔的念头一直在脑海中犹豫了差不多一年，这是由于我感觉自己的研究颇为肤浅，还有必要在前期研究基础上进行更深入的研究，从而形成更有冲击力的观点。在一年的犹豫期中，我觉得将自己的肤浅研究提出后如果能引起更多的部门及时关注，或者能够引起更多的学术界人士进行批评指正，抛出这本“砖”来引出更多具有学术价值的“玉”还是很有必要的。因此，我写出了这本不甚特别满意的作品，文中的观点不一定完全正确，但期望能够引发大家深入去思考，这也就达到了我写作的初衷。

由于我长期在企业担任高级管理人员，看问题喜欢逆向思维，在进入大学院校从教后这种习惯仍然没有改变。在近几年国家的住房保障政策的大力推行过程中，公租房政策让我深切体会到国家对于住房保障问题的认识越来越成熟、执行策略也越来越理性。我在立足于多年来房地产从业的专业基础上开始关注公租房的推行，广泛关注各类媒体报道、了解租住公租房的朋友的想法，对比各地公租房的推行策略并思考其推行的相关背景和潜在的不足。在关注的过程中发现地方政府在短期推行中更多的关注点是在于如何完成公租房供应数量任务，而可能忽视长期的可持续供应和运营。随着公租房短期供应目标的基本完成，各地政府后续必然会关注如何保持公租房可持续供应和良性运营。因此，我将自己的研究选题于公租房的可持续发展方面，期望自己的研究具有一定的社会价值。对于这个选题，我多次与老友徐世伟教授进行探讨，得到了他的认同和释疑后，开始了我长达三年的研究。

在研究过程中，非常感谢我所在单位为我提供的科研环境，使得我能够坚持笔耕不辍。非常感谢好友刘岱女士、科研处吴江文先生对我在研究过程中的鼓励，使我在遇到困难时候没有选择放弃。最让我感动的是我的先生，在我“闭关写作”的过程中默默给予精神上的支持和家庭付出，让我心无旁骛充分利用时间进行思考与写作。对于儿子我心存歉意，在研究期间没有对已读高中儿子的学业投入较多的关注。

最后要感谢的是西南财经大学出版社的编辑们，感谢他们在我写作过程中及时认真的交流和释疑。

中国公租房的可持续运营到底怎么去实现？这是一个需要系统性思考的问题。在本书中我仅将研究过程中思考的问题和观点进行归纳，难以真正达到系统性的解决对策。相信读者在读后会发现，由于我能力所限本书难免存在不足、不当之处，期望不吝赐教，我会虚心接受并在后续研究中及时予以完善。同时，也期望由于我不成熟的研究能够激发起更多对于公租房感兴趣的读者能够着手进行更为深入广泛地研究。

杨小梅

2015 年 2 月